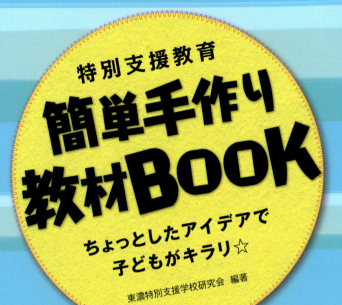

はじめに

　岐阜県立東濃特別支援学校では日頃より、子どもたちが笑顔で活動する姿を第一に考え、教育活動を行っています。教師が子どもたち一人一人と向き合う中で、「うまくできなくて困ったな」「もっと上手にできるようになりたいよ」「楽しみながら学びたい！」という子どもの思いを受け止め、「こんな子にはこんな教材があるといいな」と試行錯誤しながら教材・教具を作ってきました。そしてこれらをもちより、職員みんなで共有し、活用・応用を重ねてきました。今回その中でも身近な材料で簡単にできる手作り教材をまとめ、校内だけでなく校外にも配信しようと研究会を立ち上げ、本書が完成しました。「ちょっとしたアイデアで子どもがキラリ☆」先生方のアイデアと子どもたちを思う気持ちがつまった一冊です。

　また、一つ一つの教材は、教育活動における育てたい力を教科・領域ごとに系統的に整理したオリジナルの「キャリア学習プログラム」と関連しており、教科・領域や発達段階がわかりやすく示されています。

　教育現場や関係機関の方々はもちろんのこと、保護者や地域の方々にも手に取っていただき、支援のヒントとして役立てていただけたら幸いです。

東濃特別支援学校研究会一同

発刊によせて
子供たちの
キャリア発達を促す
教材づくり

文部科学省初等中等教育局特別支援教育課　特別支援教育調査官　丹野　哲也（たんの　てつや）

　平成27年8月に取りまとめられた中央教育審議会 初等中等教育分科会 教育課程部会 教育課程企画特別部会における論点整理では、次期学習指導要領等の在り方について、人生を主体的に切り拓くための学びを充実させていくこととして、次のことが示されています。

　（略）子供たちに社会や職業で必要となる資質・能力を育むためには、学校と社会との接続を意識し、一人一人の社会的・職業的自立に向けて必要な基盤となる能力や態度を育み、キャリア発達を促す「キャリア教育」の視点も重要である。学校教育に「外の風」、すなわち、変化する社会の動きを取り込み、世の中と結び付いた授業等を通じて子供たちにこれからの人生を前向きに考えさせることが、主体的な学びの鍵となる。

　ここで特筆すべき点として、子供たちの内面的な成長を意味するキャリア発達の重要性が指摘されていることです。キャリア発達とは、社会の中で自分の役割を果たしながら、自分らしい生き方を実現していく過程です。すなわち、子供たちが、学校や家庭、そして社会の中で、自分の役割やなすべきことを自ら意識し、そのことに価値づけをしながら、より良く生きていこうとする過程であると理解することができます。子供たちは、学校で学ぶことが最大の果たすべき社会的な役割です。その学習過程において、学ぶ内容に対しての将来的な意義を、子供たちの生活年齢や理解の程度等に即しながら、考えられるようにしていくことが子供たちのキャリア発達を促すことにつながっていくでしょう。

さて、岐阜県立東濃特別支援学校では小学部段階から高等部までの一貫した教育活動の展開を構築する過程で、オリジナルの「キャリア学習プログラム」を開発し、「キャリア発達を促す授業づくり」の実践に着実に取り組まれています。

　特別支援学校（知的障害）の授業づくりでは、小学部の低学年の段階から、子供たちの卒業後の自立と社会参画を見据え、子供たちが主体的に学習に取り組めるようにするための極めて緻密な指導計画が必要です。主体的な学習は、子供たち自ら学ぼうとする「学習意欲」や「学習への興味・関心」が基盤となります。子供たちの学習意欲を喚起させることの重要な要素として、「本物志向」であることが大切であると考えられます。すなわち、社会や生活の中で想定される実際的な状況下で、様々な授業づくりを行うことです。この「実際の状況」が本物に近いほど、学ぶ意欲の高まりや期待感が生まれてくるものだと考えられます。そのため、各教科等の授業において、子供たちの具体的な体験や経験を踏まえた題材を設定することが大切となります。

　一方で、実際的な活動を優先するあまり、活動が中心となってしまい、活動を通して何を学ぶことができたのか、不明確な授業にならないように留意していくことが必要です。

　本物志向の授業づくりやそうした単元や題材設定を可能にするためには、これまでの学習状況を把握し、実体験をより有効なものにする段階的な積み上げが重要になります。そして段階的に積み上げる授業づくりの実施には、個々の状況に合わせたきめ細やかな「教材づくり」が必要になってきます。

　一人一人に適した「教材づくり」を積み重ねることは、子供たち一人一人を大切にした「授業づくり」へと着実につながります。当校が実践する「教材づくり」は、個別の教育的ニーズに即した「キャリア学習プログラム」を活用しながら「キャリア発達を促す授業づくり」につなげていくというコンセプトがうかがえます。

　本書『簡単手作り教材BOOK』は、岐阜県立東濃特別支援学校の先生方が小学部から高等部までの「授業づくり」で使用した手作り教材がたくさん紹介されています。どれもが有効活用され、指導上の効果が確認されていますので、各教育現場で参考にしていただけるものばかりであると思います。

特別支援教育

簡単手作り教材BOOK
CONTENTS

はじめに　　　　　　　　　　　　　　　　　　　　　3

発刊によせて
子供たちのキャリア発達を促す教材づくり　　　　　　4
文部科学省初等中等教育局特別支援教育課　特別支援教育調査官　丹野　哲也

せいかつ

指先を使う練習① おつまみくん　　　　　　　　　　12
指先を使う練習② 指先の力をつけるための教具　　　13
ボタンかけの練習　　　　　　　　　　　　　　　　14
蝶々結びできた！　　　　　　　　　　　　　　　　15
野菜カット補助具 猫の手支援グッズ　　　　　　　　16
給食配膳の支援　　　　　　　　　　　　　　　　　17
ストローさしこ　　　　　　　　　　　　　　　　　18
牛乳が飲めるようになるコップ　　　　　　　　　　19
耳にかけないマスク　　　　　　　　　　　　　　　20
水筒の中身 こぼれません　　　　　　　　　　　　21
自分で服をたたもう！　　　　　　　　　　　　　　22
簡単着がえ袋　　　　　　　　　　　　　　　　　　23
身だしなみをチェックしよう　　　　　　　　　　　24
割れない鏡　　　　　　　　　　　　　　　　　　　25
気温の変化をわかりやすくする支援① プール入れるかな？　26
気温の変化をわかりやすくする支援② 長袖？半袖？どっちかな？　27
時間がわかって安心メモ用紙　　　　　　　　　　　28
窓を開けておくための工夫　　　　　　　　　　　　29
課題ボックス　　　　　　　　　　　　　　　　　　30
配布物の分類ツール　　　　　　　　　　　　　　　31
靴を置く支援① 上靴をそろえて置こう　　　　　　32
靴を置く支援② ぼくの下駄箱　　　　　　　　　　33
靴を置く支援③ 左右正しく片付けます　　　　　　34

かかとリング	35
立ち位置がわかる支援① 足形	36
立ち位置がわかる支援② 並んで順番を待とう	37
掃除の工夫① ゴミ集めキューブ	38
掃除の工夫② 正しくほうきが使えるよ！	39
掃除の工夫③ 机拭き	40
掃除の工夫④ つかいやす〜い雑巾	41
みんなでお掃除ライン	42

コラム

教材・教具の工夫がもたらすもの 愛知淑徳大学文学部教育学科　猪原　秀明	43

しごと

畑仕事の支援 苗植え支援グッズ	44
作業学習での支援① 確認ボード	45
作業学習での支援② ころころ磨けたよ	46
作業学習での支援③ 分別補助具	47
作業学習での支援④ 軍手付作業服	48

からだ

楽しく身体を動かすための工夫① ハードル＆ボウル歩き	49
楽しく身体を動かすための工夫② またごう ジャンプしよう	50
楽しく身体を動かすための工夫③ くっつきムシムシ	51
楽しく身体を動かすための工夫④ 楽しくまねっこ	52
楽しく身体を動かすための工夫⑤ むかで器具	53

みる・きく・さわる

星空パラシュート	54
身体や気持ちをリラックスさせるための工夫　温湯の袋	55
少しの力で楽器を鳴らすための工夫①　スタンドトライアングル	56
少しの力で楽器を鳴らすための工夫②　楽器てぶくろ	57
少しの力で楽器を鳴らすための工夫③　指先マレット・バネマレット	58
絵本を感じる①　見てみて何色でしょう	59
絵本を感じる②　触れる本	60
中身は何かな	62
ペットボトルのおもちゃ	63
ひっぱってあそぼう・はがしてあそぼう	64
楽しく創作活動をするための工夫①　みんなでごろごろお絵かき	65
楽しく創作活動をするための工夫②　コロコロ色塗り氷でお絵かき	66

コラム

「からだ」と「みる・きく・さわる」を通した子ども達の深い学び 広島大学大学院教育学研究科 特別支援教育学講座　船橋　篤彦	67

ことば・かず

気持ちや思いを伝える支援①　行きたい場所を伝えるカード	68
気持ちや思いを伝える支援②　一日振り返りカード	69
気持ちや思いを伝える支援③　気持ち整理カード	70
「これちょうだい」ポスト	71
ひらがな積み木	72
ひらがなカード	73
名前の組み合わせ	74
書いてみよう	75
輪ゴムのボード	76
指先を使う課題①　ビー玉とコイン入れ	77
指先を使う課題②　ストロー・つまようじ入れ	78

指先を使う課題③ ピックさし	79
指先を使う課題④ 竹串さし	80
指先を使う課題⑤ ひも通し	81
指先を使う課題⑥ ボールペンの組み立て	82
指先を使う課題⑦ 形、色合わせ	83
ゆっくり動かそう① ゴーゴークリップ	84
ゆっくり動かそう② ゴーゴー迷路	85
物とカードのマッチング	86
どこの部屋に入るかな？	87
弁別の課題① ポンポン色分け	88
弁別の課題② 大小キャップ仕分け	89
弁別の課題③ 色と形で仕分け	90
弁別の課題④ 形で分ける	91
形の組み合わせ	92
数の学習① 数字のパズル	93
数の学習② 数量ボード	94
数の学習③ 1〜10の数	95
数の学習④ アナログ計算機	96
カラフル歯ぐるま時計	97

コラム
子どもたちの願いや夢を実現する教育の実践 98
独立行政法人国立特別支援教育総合研究所　情報・支援部長(兼)上席総括研究員　明官　茂

キャリア発達段階表・キャリア学習プログラムについて　99

東濃特別支援学校　キャリア発達段階表　100
人とかかわる力・自分を知る力・課題に向かう力・将来を考える力

東濃特別支援学校　キャリア学習プログラム　108
日常生活の指導、生活単元学習、国語、算数・数学、音楽、
図画工作・美術、体育・保健体育、作業学習・職業、自立活動

あとがき　123
東濃特別支援学校研究会　原　武志

本の見方

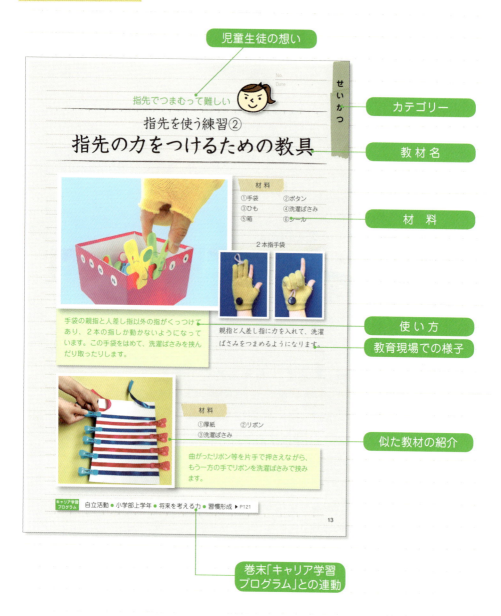

せいかつ

箸を上手に使いたい

指先を使う練習①
おつまみくん

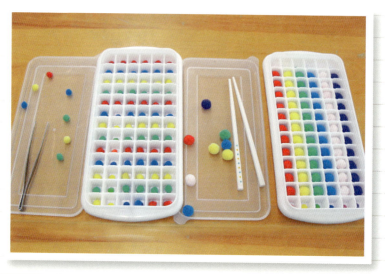

材料　①製氷皿　　　　②シール
　　　③フェルトボール　④ピンセット
　　　⑤箸

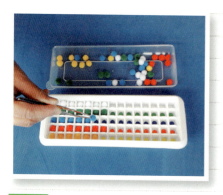

製氷機の底面に丸シールを貼り、シールと同じ色のフェルトボールをピンセットや箸でつまんで入れます。

児童生徒の力に合わせて製氷皿やフェルトボールの大きさを変えて使用します。

| キャリア学習プログラム | 日常生活の指導 ● 小学部上学年 ● 自分を知る力 ● 基本的生活習慣　▶P108 |
| キャリア学習プログラム | 自立活動 ● 小学部上学年 ● 将来を考える力 ● 習慣形成　▶P121 |

せいかつ

指先でつまむって難しい

指先を使う練習②
指先の力をつけるための教具

材料
①手袋　　②ボタン
③ひも　　④洗濯ばさみ
⑤箱　　　⑥シール

２本指手袋

手袋の親指と人差し指以外の指がくっつけてあり、２本の指しか動かないようになっています。この手袋をはめて、洗濯ばさみを挟んだり取ったりします。

親指と人差し指に力を入れて、洗濯ばさみをつまめるようになります。

材料
①厚紙　　②リボン
③洗濯ばさみ

曲がったリボン等を片手で押さえながら、もう一方の手でリボンを洗濯ばさみで挟みます。

キャリア学習プログラム　自立活動 ● 小学部上学年 ● 将来を考える力 ● 習慣形成 ▶ P121

せいかつ

ボタンを上手にかけたいな

ボタンかけの練習

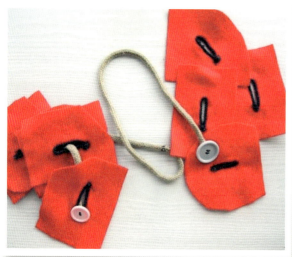

材料
①布（フェルト）
②ボタン
③ひも

フェルトにボタンより少し大きい穴を開けました。ボタンをつけたひもは長めにして、操作しやすくしてあります。ボタンを「かける」「はずす」練習ができます。

参考資料：大揚社『発達につまづきを持つ子と身辺自立』武藤英夫・田宮正子著

不要になった服を何枚も重ね、木の板に固定します。ボタンのかけはずしを集中して練習することができます。

チャックとホックの部分にわかりやすく色違いで印をつけると手で持つときの印になります。

キャリア学習プログラム　日常生活の指導　●　小学部上学年　●　自分を知る力　●　基本的生活習慣　▶ P108

蝶々結びを練習しよう

蝶々結びできた！

せいかつ

赤いひもについている目印を重ねて、そこに青いひもを巻きます。できた輪から青いひもの目印を引っ張ると、蝶々結びができます。

材料　①木（板、棒）
　　　　②平ひも

目印や教師の指さし等を手がかりに、蝶々結びを完成させることができました。左右の色が違うことで、よりわかりやすくなります。

エプロン等のひもを後ろで結べるようになるための工夫です。操作しやすい太い丸ひもをいすに付けて、座って練習します。

靴ひもの練習教具です。実際に靴をはいているときのようにかかとを手前にして使用します。

キャリア学習プログラム　日常生活の指導　●　小学部上学年　●　自分を知る力　●　基本的生活習慣　▶ P108

せいかつ

安心して包丁を使いたい

野菜カット補助具
猫の手支援グッズ

材料
① 包丁の指ガード（100円ショップ）
② まな板シート（100円ショップ）
③ 両面テープ

指ガードの前面に両面テープを貼りつけます。そしてまな板シートを手の甲が隠れるくらいの長さに切って少し折り曲げて指ガードに貼りつけます。子どもの手に合わせてシートの大きさや貼る位置を変えることができます。

ペットボトルのくりぬいた部分を食材にかぶせて上からペットボトルごと握って切っていきます。

材料・作り方
500mlのペットボトル
カット

これらの教材を使用することで、野菜を根元のほうまで切ることができました。一人で包丁を使って調理をするとき、安心して見守ることができます。

キャリア学習プログラム　日常生活の指導 ● 中学部 ● 将来を考える力 ● 習慣形成　▶ P108

食器を置く場所に迷っちゃう

給食配膳の支援

せいかつ

材料
①食器等のイラスト
②ラミネート
③画用紙

給食の献立に合わせて、パンをご飯に変えたり、箸やフォークやスプーンを貼り替えたりして使用します。この教材を手がかりにして、トレーの上に正しい位置や向きで食器を配膳することができます。

この教材を使うことで、間違った位置に食器を置いたときにも、自分で図を見て確認し、置き直す姿が見られるようになりました。

写真を中心に図や言葉で説明してもわかりやすいです。

キャリア学習プログラム ● 日常生活の指導 ● 小学部上学年 ● 将来を考える力 ● 習慣形成 ▶ P108

せいかつ

ストローをさす位置がわかりにくい

ストローさしこ

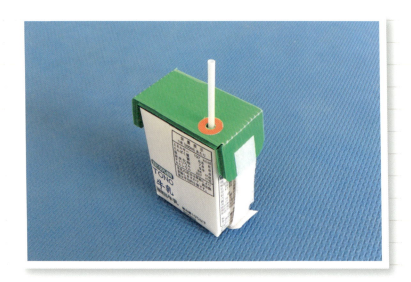

材料　①プラスチック段ボール
　　　②パンチラベル（カラー）
　　　③マジックテープ

ストローの差し口と赤い穴が重なるようにして、牛乳に装着します。赤い部分をよく見てさすように言葉かけをします。

手に力が入っても、段ボール板でブロックしているため、牛乳が飛び出ることはありません。弱視の児童生徒も一人でできるようになりました。

キャリア学習プログラム　日常生活の指導　●小学部下学年　●自分を知る力　●基本的生活習慣　▶P108

苦手な牛乳に挑戦

牛乳が飲めるようになるコップ

材料　①透明コップ
　　　　②シール

透明コップの外側にキャラクターのシールを貼ります。

牛乳が苦手な子が、「楽しく」飲むことに挑戦できるコップです。今では自分で牛乳を注ぎ、短時間で飲むことができるようになりました。

飲んでいくうちに好きなキャラクターが見えてくるのでニコニコで頑張れます。

せいかつ

せいかつ

耳にマスクのひもをかけるのが苦手

耳にかけないマスク

材料

①給食帽子
②ボタン
③マスク

帽子の耳のあたりにボタンを付けて、そこにマスクのひもをかけます。

マスクのひもを耳にかけると気になって、マスクをすぐに外してしまう子も、これならマスクをしっかり着用して給食当番ができます。
市販の帽子とマスクにひと工夫するだけなので、とても簡単に作ることができます。

キャリア学習プログラム　日常生活の指導　●小学部下学年　●自分を知る力　●基本的生活習慣　▶P108

水筒をきちんと閉めることが苦手

水筒の中身 こぼれません

せいかつ

 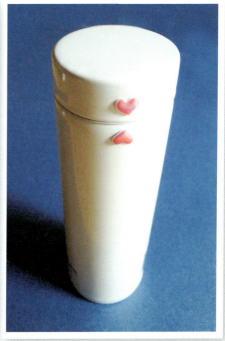

材料

シールまたはテープ

水筒のフタがしっかり閉まっている状態でフタと水筒本体の一直線上に印（♥）をつけます。
印と印がまっすぐそろえば「しっかり（ズレずに）」閉まっていることが目で確認できます。

シールを貼るだけなのでとても簡単にできます！

キャリア学習プログラム　日常生活の指導 ● 小学部下学年 ● 将来を考える力 ● 習慣形成　▶ P108

せいかつ

どんな順番でたたむの?

自分で服をたたもう!

材料　①段ボール　　②画用紙
　　　③クリアテープ
　　　④ビニールテープ（赤，青，黄，緑）

服を広げて絵の枠に合わせ、あとは❶、❷、❸の順番で服をたたむだけです。

番号と線を意識することで、順番やたたみ方がわかり、一人でたたむことができるようになりました。シワが少なく、きれいにたためます。

キャリア学習プログラム　日常生活の指導　●小学部全学年　●自分を知る力　●基本的生活習慣　▶P108

せいかつ

袋に入れるって難しい

簡単着がえ袋

①正方形の布の4カ所を点線のように袋縫いにする。

②丸ひもを2本写真のように通してできあがり。

材料 ①布 ②丸ひも ③かご

①袋を広げてかごにはめる。

②着替えを入れる。

③ひもを引っ張る。

④ひもを結んでかごから外す。

引っ張るだけで、たたんだ服をまとめることができるので、かばんへの片付けもスムーズに行うことができるようになりました。

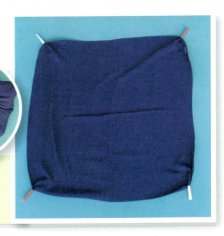

材料 ①ふろしき ②カラーテープ

ふろしきの対角を同じ色のカラーテープで巻き、どことどこで結ぶとよいかわかりやすく示してあります。

キャリア学習プログラム　日常生活の指導 ● 小学部上学年 ● 自分を知る力 ● 基本的生活習慣 ▶ P108

せいかつ

身だしなみのチェックポイント

身だしなみをチェックしよう

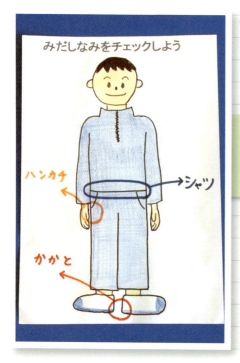

材料
①身だしなみが整った写真かイラスト
②ラミネートフィルム
③鏡

身だしなみを整えた写真かイラストにチェックする項目を書き、ラミネート加工し、鏡の近くに貼り付けます。

「シャツはズボンに入れる」「かかとを入れる」「ハンカチを入れる」等自分で鏡を見ながらチェックすることができます。
できたらOKシールを貼るのもいいですね。

材料　ボタンまたはアップリケ

服やズボンを着る（はく）ときに手に持つ位置に印をつけます。

自分で印を確認して着ることで服の前後、裏表を間違えずに着ることができるようになりました。

キャリア学習プログラム　日常生活の指導　● 小学部上学年　● 自分を知る力　● 基本的生活習慣　▶ P108

鏡は落とすと割れちゃうから心配

割れない鏡

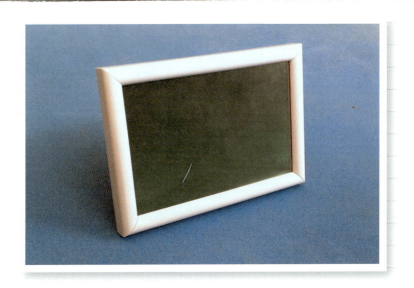

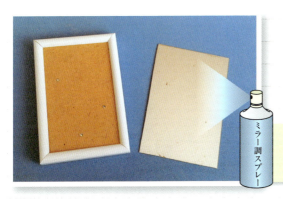

材料

①ミラー調スプレー
②アクリル板

身だしなみチェックや食後の歯磨き指導等で使用します。

大きさや形、使用する場所に合わせて、シュッと吹きかけるだけで、割れることのない安全な鏡を作ることができます。

キャリア学習プログラム 日常生活の指導 ● 中学部 ● 自分を知る力 ● 基本的生活習慣 ▶ P108

せいかつ

今日はプールに入れるかな？

気温の変化をわかりやすくする支援①
プール入れるかな？

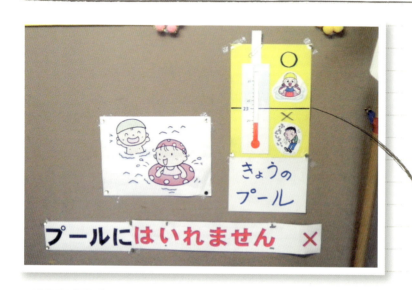

材料

①画用紙
②水遊び等のイラスト

屋外の気温に合わせて温度表示を変えることができます。

本校では水温が23度以上でプールに入ります。温度を色で示し、入ることができるかどうかを○と×で確認できるようにしてあります。

今まで説明しづらかったことが、一目でわかるようになりました。

キャリア学習プログラム ● 自立活動 ● 小学部全学年 ● 課題に向かう力 ● 情報の収集・活用 ▶ P121

どの服を着ればいいのかな？

気温の変化をわかりやすくする支援②
長袖？半袖？どっちかな？

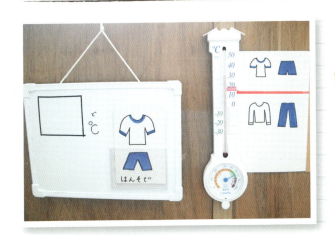

材料
①温度計
②ホワイトボード
③画用紙
④半袖、長袖のイラスト

↑今日の温度を記入して、服のイラストを透明のポケットに差し込み、わかりやすくします。

↑温度計につけてあるイラストを見て、長袖と半袖のどちらを着たらよいのかを区別します。

➡温度計を基に矢印を動かして矢印の差す色、番号に一致する服装カードを確認します。

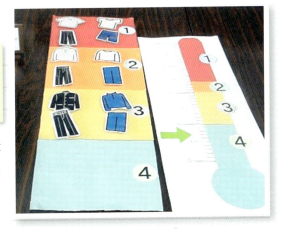

今まで半袖しか着られなかった児童生徒が、寒いときに長袖を着られるようになりました。

キャリア学習プログラム　自立活動　●　全学部　●　課題に向かう力　●　情報の収集・活用　▶ P121

せいかつ

せいかつ

何時から何時までやればいいの？

時間がわかって安心メモ用紙

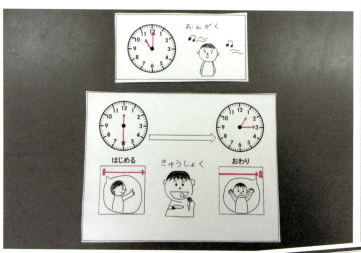

まず、時計盤のイラストに時計の針を描き入れ、次に用件を文字で書き入れます。

材料　時計盤のイラスト

メモ用紙として、壁に束ねて掛けておき、すぐに使えるようにしました。時計の絵を描く手間が省けます。不安になっている児童生徒にすぐに対応できます。

キャリア学習プログラム　日常生活の指導 ● 中学部 ● 課題に向かう力 ● 情報収集・活用 ▶ P108

ぼくは窓を閉めたいけど、みんなは嫌がるんだ

窓を開けておくための工夫

せいかつ

材料　①児童生徒の好きなイラスト
　　　　②ラミネートフィルム

窓（戸）を開けた状態でイラストが完成するように窓枠（戸袋）に貼り付けます。

窓を閉めておかないと落ち着かなかった児童生徒が、イラストを合わせたい気持ちから、窓が開いている状態でも納得できるようになりました。

キャリア学習プログラム　日常生活の指導 ● 小学部全学年 ● 将来を考える力 ● 社会のきまり　▶P108

せいかつ

どの課題が最後かな?

課題ボックス

材料

① 段ボール箱
② A4サイズが入る
　プラスチックケース
③ クラフトテープ

その時間にやる課題が入っています。上の段から取り組んでいきます。課題の数に合わせて段を増やすことができます。

やることはわかるが、終わりはどうなるの?という児童生徒に、見通しをもって取り組めます。

キャリア学習プログラム　日常生活の指導 ● 小学部上学年 ● 自分を知る力 ● 主体性　▶ P108

どれを誰に配ったらいいんだろう？

配布物の分類ツール

せいかつ

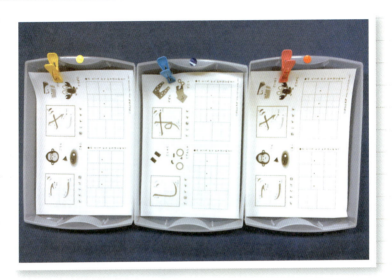

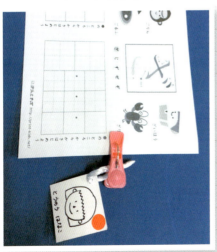

材料
①洗濯ばさみ
②色シール
③児童生徒の写真

一人ひとりに違う色の洗濯ばさみを用意し、かごにも同じ色のシールを貼ります。同じ色のところに配布物を入れるようにします。
洗濯ばさみやかごに顔写真等を取り付けると、よりわかりやすくなります。

文字を読むことが難しい児童生徒も、シールや写真を見て配ることができるようになりました。

キャリア学習プログラム　日常生活の指導　●小学部全学年　●将来を考える力　●役割の理解と分担　▶P108

せいかつ

どこに靴を置いたらいいのかな？

靴を置く支援①
上靴をそろえて置こう

材料

ビニールテープ

ビニールテープで貼られた枠の中に上靴をそろえて置くようにします。

上靴を置く場所がわかるので、そろえて置けるようになりました。
ちょっとした工夫ですが、効果てきめんです。

キャリア学習プログラム　日常生活の指導　●　小学部下学年　●　自分を知る力　●　基本的生活習慣　▶ P108

ぼくの下駄箱はどこかな？

靴を置く支援②
ぼくの下駄箱

せいかつ

材料
①画用紙
②ラミネートフィルム
③ビニールテープ

下駄箱の中をラミネート加工した画用紙で囲い自分の下駄箱の位置をわかりやすくします。

いつも自分の下駄箱の位置がわからなくなってしまう児童生徒が、色を見て間違えずに片付けることができるようになりました。教室のロッカー等も同じ色のビニールテープで囲うことで、さらに自分の場所が意識できるようになります。

キャリア学習プログラム　日常生活の指導 ● 小学部下学年 ● 自分を知る力 ● 基本的生活習慣　▶P108

せいかつ

靴を左右反対に下駄箱に片付けてしまうと、はくときも反対にはいちゃう！

靴を置く支援③
左右正しく片付けます

材料
①足形のイラスト
②ラミネートフィルム
③ヘアゴム（2色）

靴のかかとのゴムと足形のイラストに左右それぞれ同じ色をつけます。

靴のゴムと足形の色を合わせて靴を片付けるようにすると、左右間違えることなく片付けられます。

靴をはき替えるときに、自分でイラストを見て絵を合わせ、左右を間違えずにはけるようにする工夫です。靴の中に左右合わせると一つの絵になるように、イラストを分割して貼り付けます。

キャラクターを使うことで、「あ！」とすぐに興味を示し、絵を意識してはけるようになりました。

キャリア学習プログラム ● 日常生活の指導 ● 小学部下学年 ● 自分を知る力 ● 基本的生活習慣　▶ P108

靴ってはきにくい

かかとリング

せいかつ

材料

カラーヘアゴムまたは
カードリング

靴のかかとに付いている
リングまたはひもに指を
かけて、かかとを入れる
練習をします。

リングは児童によって使いやすい大きさに工夫してみてください。はき方のコツがわかる
ようになります。

キャリア学習プログラム 日常生活の指導 ● 小学部下学年 ● 自分を知る力 ● 基本的生活習慣 ▶ P108

せいかつ

どこに立てばいいのかわからない

立ち位置がわかる支援①
足　形

材料　①足形のイラスト
　　　　②ラミネートフィルム

黒板の前に貼ってこの位置で発表をするようにします。他にも教室や職員室の入り口に貼っておき、「いってきます」「おはようございます」等ここに立って言うようにしています。

いろいろな場面で立ち位置を示すのに使えます。この位置に立てば授業でダンスの練習をするとき、友達とぶつかることもありません。

材料　カラーマット
　　　　（30×30）

カラーのウレタンマットを立ち位置がわかるように使用します。児童生徒一人ひとりの色を決めておくことで、自分の立ち位置がよりわかりやすくなります。

キャリア学習プログラム　日常生活の指導　●小学部全学年　●人とかかわる力　●あいさつ　▶P108

せいかつ

どこに並べばいいのかわからない

立ち位置がわかる支援②
並んで順番を待とう

教室の水道で、順番を待てずに横から手を出してしまう児童生徒のための支援グッズです。水道の手前に立つ位置がわかるように足形のシートを貼ります。水道のすぐ手前は「今使う人」その一歩後ろは「順番を待つ人」のためのものです。

材料

①足形のイラスト
②ラミネートフィルム

足形の上に立つことで待つ場所がわかり、順番に水道を使うことができるようになりました。

キャリア学習プログラム　日常生活の指導 ● 小学部全学年 ● 将来を考える力 ● 社会のきまり　▶ P108

せいかつ

一人でゴミを集めるよ

掃除の工夫①
ゴミ集めキューブ

材料

① パイプ
② プラスチックジョイント

ゴミ袋をキューブの中に入れて使用します。袋が固定されているので、ゴミを入れるときにゴミ箱やゴミの入った袋を両手で逆さにして入れられます。

プラスチックジョイントが軽くて安定しているので集めやすく、一人で教室を回りながらゴミを集めることができるようになりました。

キャリア学習プログラム　日常生活の指導　● 小学部上学年　● 自分を知る力　● 主体性　▶ P108

ほうきの持ち方がわからない

掃除の工夫②
正しくほうきが使えるよ!

せいかつ

材料

①ほうき　②シール

シール面を上にしてほうきを持って使います。

シールを貼るだけでほうきの持ち方・向きがわかり、自然と正しいほうきの向きで掃除ができるようになります。

キャリア学習プログラム　日常生活の指導 ● 小学部全学年 ● 将来を考える力 ● 習慣形成　▶ P108

せいかつ

どうやって拭くの？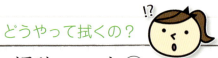
掃除の工夫③
机拭き

材料

ビニールテープ

ビニールテープで矢印を作り、拭く方向を示します。矢印の向きを意識して拭くことができます。

すみずみまできれいに拭くことができるようになりました。

窓の大きさや形に合わせてテープの貼り方を変えることができます。拭き終わった後はきれいにはがせます。

キャリア学習プログラム　日常生活の指導　● 小学部上学年　● 将来を考える力　● 習慣形成　▶ P108

雑巾のどこに手を置けばいいのかな

掃除の工夫④
つかいやす〜い雑巾

せいかつ

材料
①雑巾
②サインペン

雑巾に置く手の位置がわかりやすいように手形が描いてあります。手形の上に手をのせ、両手で拭く練習をします。

継続して行うことで、手形がなくても上手に雑巾がけができるようになりました。

材料 ①雑巾 ②軍手

雑巾に軍手が縫い付けてあります。軍手に手を入れることで、雑巾から手が離れることなく、両手で雑巾がけをすることができます。

キャリア学習プログラム　日常生活の指導 ● 小学部下学年 ● 将来を考える力 ● 習慣形成　▶P108

せいかつ

どこを目指して進めばいいの？

みんなでお掃除ライン

材料

ビニールテープ

人数分の雑巾にそれぞれ違う色の線を描きます。出発地点と到着地点の床にもそれぞれ雑巾と同じ色のテープを貼ります。児童生徒が自分の雑巾の色と同じ色の間を拭くと、全員で教室の床全部が拭ける仕組みです。

このテープを用意することで、まっすぐ雑巾がけをすることが難しい児童生徒も、向かいの色のラインを見てまっすぐ雑巾がけをすることができるようになりました。また、青の列を一列拭いたら次の青の列に移ることがわかり、教師の指示がなくても最後まで児童生徒たちだけで雑巾がけをすることができるようになりました。

キャリア学習プログラム　日常生活の指導 ● 小学部上学年 ● 将来を考える力 ● 習慣形成　▶ P108

教材・教具の工夫が
もたらすもの

愛知淑徳大学文学部教育学科　猶原　秀明
（なおはら　ひであき）

　特別支援教育は、正解のわからない教育です。子どもに合ったより的確な指導方法や指導内容を探って、先生たちは日々、試行錯誤を重ねています。

　子どもの教育的ニーズに応えること、それを達成すること、さらに子どもの障がいが、重度・重複化、多様化している状況でその目的を達成することは、そう簡単なことではありません。そこで、教育成果を高めるために、みんなでアイデアを出し合ってまとめたものが「個別の指導計画」です。その実践を助けるのが教材・教具です。

　教材・教具は、「わかる」と「できる」のための支援ツールです。

　わかること、できることが子どもの自信につながります。それを、次への意欲につなげることで子どもは成長していきます。

　いろいろなアイデアを出すには、たくさんの視点でしっかりと子どもを見ることが必要です。それは、正解に近いアイデアを出すことにつながります。

　子どもに応じた教材・教具の工夫は、指導方法、指導内容を正解に近づけていく、先生のための支援ツールにもなるのです。

　また、今、教員の専門性が強く求められていますが、専門性を高めることにもつながるでしょう。

　子どもも大人も、みんなが育つ学校が本当によい学校です。

　先生たちが協力していろいろなアイデアを出し合い、工夫を重ねていくことが、よい学校を作っていくのではないでしょうか。

どこに苗を植えたらいいんだろう？

畑仕事の支援
苗植え支援グッズ

しごと

材料
①針金
②カラービニールテープ

畑で苗を植えるときに使います。穴が掘ってある所（苗を植える所）にこれを置くと、どこに植えればよいかわかりやすくなります。

畑には土だけでなく石や草等があり、どこに注目すればよいかわからないことがあります。これがあると植える所がわかり、一人で苗を植えることができました。

材料
①支柱
②シールまたはテープ

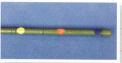

緑の支柱に等間隔でシールを貼り、それを畝に置きます。目印の所に種や苗を植えるので、等間隔で芽が出てきます。

キャリア学習プログラム　生活単元学習 ● 小学部下学年 ● 将来を考える力 ● 生きがい・やりがい　▶P113

いくつできたかな？

作業学習での支援①
確認ボード

しごと

材料
①プラスチック段ボール
②紙

その日の作業学習でできあがった部品を順番に置いていきます。

今日の出来高や部品の仕上がりが一目でわかります。そのため、頑張ったところや、部品の出来具合を比較したときの感想を共有できます。

キャリア学習プログラム　作業学習・職業　● 高等部　● 課題に向かう力　● 肯定的な自己評価　▶ P120

全部の面が磨けたかな？

作業学習での支援②
ころころ磨けたよ

しごと

材料

木材

木片を磨くために使います。「あ」から始まりコロコロまわして一面ずつ磨き「おわり」まできたら「できました」と報告します。

土台にぴったりはまるので、木材が動かず磨けます。教具が大きいため、支えやすくなっています。「あいうえおわり」と終わりがわかりやすく、自分で取り組むことができます。

キャリア学習プログラム　作業学習・職業 ● 中学部 ● 自分を知る力 ● 主体性　▶P120

分別作業はやらなきゃいけないことがいっぱい

作業学習での支援③
分別補助具

しごと

材料
①かご ②わりばし
③写真 ④ラミネートフィルム

高等部の作業学習では、企業の協力によるDVD解体分別作業を行っています。解体して出たケースやDVDを、かごに差し込んだわりばしを仕切りにして分別します。ケースの大きさや分別の種類に合わせてわりばしの位置をすぐに変えることができます。

教師と一緒に使い方を数回確認することで、10種類近くの仕分けが自分でわかるようになりました。自分で机上を整頓しながら作業できるようになりました。

キャリア学習プログラム　作業学習・職業 ● 高等部 ● 自分を知る力 ● 主体性・自己理解　▶ P120

軍手をはめるのが苦手

作業学習での支援④
軍手付作業服

しごと

材料　①作業服（割烹着やスモックも可）
　　　②軍手（手袋）

作業服を着るときに、付いている軍手に手を入れます。

軍手のゴム口のところはすべて縫ってしまわずに、手の甲側のみ、袖口に縫い付けるのがポイントです。すっと指が入って簡単に軍手がはめられます。
はめた後も嫌がって外すこともなく、服の一部のようにしてつけて活動することができました。

キャリア学習プログラム　作業学習・職業　●中学部　●将来を考える力　●習慣形成　▶P120

不安定なところも歩いてみるよ

楽しく身体を動かすための工夫①
ハードル＆ボウル歩き

ハードル歩き

ボウル歩き【表】

【裏】

からだ

材料

① 段ボール　② ガムテープ
③ ボウル　　④ ビニールひも
⑤ 棒、木材　⑥ 滑り止めシート

ボウルを踏んで歩いたり、ハードルをまたいで越えたりします。

ボウル歩きは段ボールにボウルが固定してあるので簡単に設置できます。また、足を乗せたときに滑らないようにボウルに滑り止めシートが貼ってあります。土台の段ボールの裏にも滑り止めシートが貼ってあり、安全に使うことができます。

キャリア学習プログラム　自立活動　● 小学部上学年　● 将来を考える力　● 習慣形成　▶P121

またいで、ジャンプ、バランスをとるよ

楽しく身体を動かすための工夫②
またごう ジャンプしよう

からだ

材料
①カラーコーン
②バー

バーに身体（足）が触れないようにまたいだり、ジャンプしたりします。
児童生徒の力に合わせてバーの位置や本数を変えていきます。

バーに触れないように意識して取り組むことで、大きく足を上げたり、バランスをとったりして楽しみながら身体を動かすことができます。

キャリア学習プログラム　自立活動　● 中学部　● 将来を考える力　● 習慣形成　▶ P121

肩はここだ…おしりはここだ…

楽しく身体を動かすための工夫③
くっつきムシムシ

裏側 → ガムテープ

からだ

ラミネート加工した虫のイラストにガムテープを付けて、児童生徒の身体のいろいろな部位に貼ります。「よーいどん」でくっついている虫を取ります。周りの子が「肩だよ！」「足の後ろだよ！」と声をかけるのを聞いたり、自分で身体のいろいろな所を触って探したりします。

材料
①ムシのイラスト
②ラミネートフィルム
③ガムテープ

実際に児童生徒と一緒にやってみると大盛り上がりで、普段背中に手を回すことが少ない児童生徒が、一生懸命虫を取ろうと身体をひねっていました。もう全部取ったと思いきや、友だちが「おしり！ おしり！」と言うのを聞いて、慌ててもう一度探す姿等もあり、身体の各部の名前も意識することができました。

キャリア学習プログラム ● 自立活動 ● 小学部上学年 ● 将来を考える力 ● 習慣形成 ▶P121

まねっこして動いてみるよ

楽しく身体を動かすための工夫④
楽しくまねっこ

からだ

動物のイラストを見てまねっこ運動をします。いろいろなイラストが用意してあり、次から次へと児童生徒に提示して、身体を動かすことができるようにします。イラストの下の数字のボタンが減っていき、なくなったら終わりです。

材料
①動物のイラスト
②数字を書いた用紙
③マジックテープ

楽しく見通しをもって活動することができます。

キャリア学習プログラム ● 体育 ● 小学部下学年 ● 課題に向かう力 ● 情報の収集・活用 ▶ P119

「むかで歩き」ってどうやって歩くの？

むかで器具

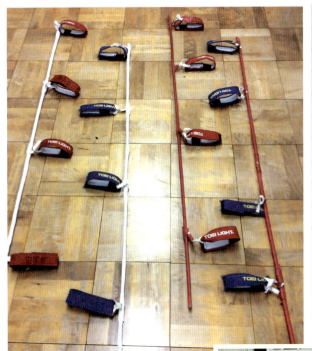

材料
① カラー棒
② 2人3脚用マジックテープ
③ ゴム

からだ

運動会でむかで競走をするときに、4人一組で足に着けて使います。

使い方が明確で、どの子も抵抗なく着けることができ、歩幅やペースを合わせて、児童同士で協力して歩くことができました。

キャリア学習プログラム　体育　● 小学部上学年　● 人とかかわる力　● 集団参加　▶ P118

たくさんのお星さまと遊びたい

星空パラシュート

材料

①黒いビニール袋　②蛍光シート
③蛍光シール　　　④ブラックライト

黒いビニール袋を広げてつなげたものに星型の蛍光シートやシールをたくさん貼ります。暗い部屋でブラックライトの光をあてるときれいに光り、幻想的になります。

みる・きく・さわる

このパラシュートを子どもたちの上で上下に動かすと、まるで星空が頭の上に落ちてくるようです。子どもたちは星に負けないくらい目をキラキラさせて見ています。

キャリア学習プログラム　自立活動（重複）●小学部下学年●課題に向かう力●情報の収集・活用　▶P122

ポカポカ温かいと気持ちいい

身体や気持ちをリラックスさせるための工夫
温湯の袋

材料
① 75リットルの透明な漬物袋
② 入浴剤（色付き）
③ ビニールプール

75リットルの漬物袋に色付きの入浴剤を入れたお湯を入れます。上に乗ったり、寝転んだりして遊びます。

お湯の温かさとポヨンとする感触が気持ちよく、リラックスしやすいです。何個も作って敷き詰めれば体の大きい児童生徒でも乗ることができます。ビニールプールの中で使用するとよいです。

材料
① ペットボトル
② お湯　③ 風呂敷

寒い時期に体育館で長時間座っているとき等は手足が冷たくなってしまいます。ペットボトルにお湯を入れ、風呂敷で包み、湯たんぽのように抱えたり足の下に置いたりして利用します。

ペットボトルに入れるお湯の温度には十分注意が必要です。温度調節に気をつけてください。また、ペットボトルのフタはしっかり締めてください。

みる・きく・さわる

キャリア学習プログラム　自立活動（重複）● 小学部全学年 ● 課題に向かう力 ● 情報の収集・活用　▶ P122

一人でトライアングルを鳴らすよ

少しの力で楽器を鳴らすための工夫①
スタンドトライアングル

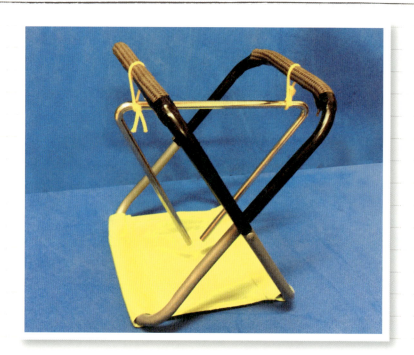

みる・きく・さわる

折りたたみいすの脚に滑り止めシートを巻きつけ、そこにトライアングルをひもで固定します。

トライアングルが固定されているので、ばちを片手で鳴らすことができます。

材料
①トライアングル
②ひも
③折りたたみいす
④滑り止めシート

| キャリア学習プログラム | 音楽 ● 小学部下学年 ● 将来を考える力 ● 習慣形成　▶P116 |
| キャリア学習プログラム | 自立活動（重複）● 中学部 ● 将来を考える力 ● 生きがい・やりがい　▶P122 |

打楽器をリズムに合わせて鳴らすよ

少しの力で楽器を鳴らすための工夫②
楽器てぶくろ

材料

①手袋
②ウッドビーズ

手袋をはめて楽器に触れます。

みる・きく・さわる

指のどの部分で楽器に触れても音が鳴るようにしました。
微妙な手の動きで木琴やギロの音を出すことができて、「自分で楽器を鳴らした！」という達成感につながっています。

キャリア学習プログラム　自立活動（重複）● 全学部 ● 将来を考える力 ● 生きがい・やりがい　▶P122

少しの力でもみんなと演奏
少しの力で楽器を鳴らすための工夫③
指先マレット・バネマレット

指先マレット

材料
①ビーズ　②針金
③テープ　④バネ
⑤磁石　⑥ゴム

バネマレット

材料
①バネ　②ウッドビーズ
③持ち手用スポンジ

みる・きく・さわる

動かすことのできる指に付けたり、手で握ったりします。指や手を動かすと、音が鳴ります。

少しの手や指の動きでもマレットが大きく動くように、大きさや長さを調節しました。

キャリア学習プログラム　自立活動（重複）● 全学部 ● 将来を考える力 ● 生きがい・やりがい　▶P122

絵本のどこを見たらいいのかわからなくなっちゃう

絵本を感じる①
見てみて何色でしょう

> 懐中電灯に色セロファンを近づけて光を通して見せます。

> 赤いかにさんがやってきました。赤はこの色ですよ。

材料
① ペットボトル　　② セロファン
③ お風呂のごみ取り網　④ 懐中電灯

> ペットボトルやお風呂のごみ取り網にセロファンを付けます。絵本『ちっちゃなおさかなちゃん』※のお話に合わせて、出てくるものの色に合わせた色セロファンに光を当てます。

みる・きく・さわる

イラストで描かれた色では視線を向けること（見ること）が難しかった児童生徒が、光を通した色セロファンには興味を示し、視線を向けることができるようになりました。

※学研プラス『ちっちゃなおさかなちゃん』ヒド・ファン・ヘネヒテン文・絵　2014

キャリア学習プログラム　自立活動（重複）● 小学部全学年 ● 課題に向かう力 ● 情報の収集・活用　▶ P122

いろいろな触りごこちだね

絵本を感じる②
触れる本

フェルト

みる・きく・さわる

材料

① フェルト
② 綿
③ コルク
④ 人工芝
⑤ アルミホイル 等

ページごとに違う素材を貼り、触ることで、さまざまな感触が楽しめます。「ふわふわ」「ザラザラ」等、どんな感触のものなのかわかるように言葉かけをします。

同じような感触のものはできるだけ避けていろいろな素材を集めました。

キャリア学習プログラム　自立活動（重複） ● 小学部全学年 ● 課題に向かう力 ● 情報の収集・活用　▶P122

綿

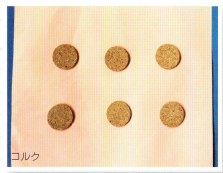
コルク

人工芝

ラッピング用リボン

アルミホイル

ビーズ

モール

鈴

みる・きく・さわる

触って何が出てくるのかな

中身は何かな

材料
- ①透明プラスチック容器2個
- ②排水溝のゴムカバー
- ③ビニールテープ
- ④結束バンド
- ⑤ボール等（中に入れる物）

容器の中のものを触って、何か考えて答え、握って取り出します。

みる・きく・さわる

容器の中のものを手で握ることで、手の感覚を高めます。透明な容器を使うので、何が入っているかヒントになり、考えたり、答えたりすることを楽しみながらいろいろなものに触れる練習になります。

キャリア学習プログラム ｜ 自立活動（重複） ● 小学部全学年 ● 課題に向かう力 ● 情報の収集・活用 ▶ P122

ペットボトルを使って遊ぼう

ペットボトルのおもちゃ

水＋ビーズ

水＋キラキラセロファン

スライム

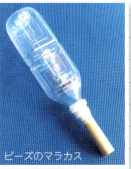
ビーズのマラカス

材料
① ペットボトル
② ビニールテープ
③ ビーズ　等

ペットボトルを利用してマラカスにしたり、ペットボトルの中に様々な素材を入れ、その動きを楽しむおもちゃです。

みる・きく・さわる

「マラカス」「キラキラボトル」「トロトロボトル」等、中に入れる材料を変えることで児童生徒が見たり、振ったり動かしたりして楽しく遊べます。

キャリア学習プログラム　自立活動（重複）● 小学部全学部 ● 将来を考える力 ● 生きがい・やりがい　▶P122

引っ張ったり、はがしたりするよ

ひっぱってあそぼう・はがしてあそぼう

みる・きく・さわる

材料
①缶
②フェルト
③マジックテープ
④丸ひも
⑤ビーズ

マジックテープをはがしたり、ひもを引っ張ったり、ゴムに付いたビーズをつまんだりします。

1つのおもちゃでいろいろな操作ができるようにしました。視覚的にも楽しむことができるよう、カラフルにしました。ファスナー等も付けるとさらに楽しむことができます。

キャリア学習プログラム　自立活動（重複）● 小学部全学年 ● 課題に向かう力 ● 情報の収集・活用　▶ P122

みんなで楽しみながらお絵かき

楽しく創作活動をするための工夫①
みんなでごろごろお絵かき

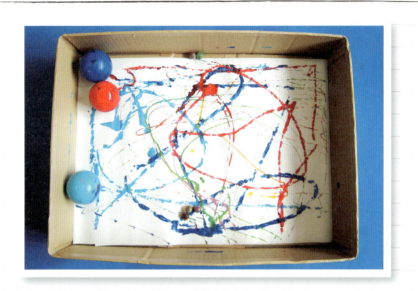

材料

①段ボール　②模造紙
③絵の具　　④ビー玉、ビニールボール等

模造紙を段ボールの中に入れ、絵の具を付けたビー玉やカラーボール、ゴルフボールを入れて、みんなで傾け転がして模様を作ります。

みる・きく・さわる

みんなで囲んで活動できるように大きい段ボールを使いました。少しの力で段ボールが傾くように、段ボールの裏面中央にボールを取り付けました。

| キャリア学習プログラム | 自立活動（重複）● 全学部 ● 将来を考える力 ● 生きがい・やりがい　▶P122 |

筆やクレヨンは苦手だけどお絵かきがしたい

楽しく創作活動をするための工夫②
コロコロ色塗り 氷でお絵かき

みる・きく・さわる

色付きの氷

材料
①製氷皿
②絵の具

絵の具を溶いた水を製氷皿に入れて、色付きの氷を作ります。絵の具の分量を変えることで、溶解速度や色の濃さが変化し、さまざまな色合いで着色することができます。氷の大きさを変えることで、手でこすったり、紙の中で転がしたりして活動できます。

色をたくさん準備することで、選択の幅が広がりました。また、転がすことが楽しいようで、積極的に取り組む姿勢が見られました。色の重なりを楽しんでいる様子も見られました。

| キャリア学習プログラム | 図画工作・美術 ● 小学部全学年 ● 将来を考える力 ● 生きがい・やりがい ▶P117 |
| キャリア学習プログラム | 自立活動（重複）● 全学部 ● 将来を考える力 ● 生きがい・やりがい ▶P122 |

「からだ」と「みる・きく・さわる」を通した子ども達の深い学び

広島大学大学院教育学研究科 特別支援教育学講座　船橋　篤彦(ふなばし　あつひこ)

　筆者と東濃特別支援学校のご縁は、原校長の陣頭指揮のもと開始された「東濃版キャリア教育」の研究に助言者として参加したことから始まりました。当時、キャリア教育を学校研究のテーマとして掲げた特別支援学校（知的障がい）が多い中で、東濃特別支援学校の先生方が導き出した答えは「授業づくりに徹底的にこだわろう」という結論でした。子ども達のキャリアが育つ場としての「授業」、それを支える「教材」の開発に取り組まれた成果が、本教材集です。

　「からだ」や「みる・きく・さわる」で紹介されている教材は、多くの手間暇やお金をかけて作成するものではなく、誰にでもマネできて、すぐに作れるものです。しかし、より重要な点は、「必然性のある教材」であるということです。例えば、「からだ」の教材は、子ども達が、確かな技能を身につけるための工夫に加えて、「ちょっと難しそうだけど、やってみたいな」や「気がついたら、からだが動いていた」という意欲・関心を引き出す仕掛けが施された教材であることに気がつきます。このような「必然性」を通した運動習慣の形成や集団参加が、中学部以降のキャリア形成の基盤となることは言うまでもありません。

　「みる・きく・さわる」の教材は、重複障がいのある子ども達を想定した教材になっています。子どもの感覚に強くはたらきかけ、主体的な動きを引き出すための教材であることは言うまでもありませんが、子どもの実態に合わせて適用を工夫することで、個々の教育目標を達成するための教材となるものばかりです。東濃特別支援学校は、地理的な事情もあり、多様な子ども達の教育実践を続けてきた伝統があります。その中で培われてきたノウハウが生かされた「東濃特別支援学校らしい」教材ばかりです。「もっとやりたい」や「次は何だろう」を引き出すことが、重複障がいのある子ども達の教育における肝であることを改めて感じています。

　現在、学習指導要領の改訂に向けた作業が急速に進んでいます。その過程については文部科学省のホームページや新聞記事を通して知ることができますが、キーワードとして目につくものは「情報化・グローバル化」や「アクティブラーニング」といったものです。しかし、今もこの先も重要なことは、子ども達が主体的に人生を切り拓くための力を育むことに他なりません。全国の特別支援学校は、自校の歩んできた教育実践の歴史を振り返り、今の取り組みを見直す時期に来ていると感じます。3年前の東濃特別支援学校のキャリア教育研修会において、重複障がい学級を担当されていた先生の発言が今でも心に残っています。「重複障がいや重度の障がいの子ども達のキャリアは1＋1ではなく、0.1＋0.1の世界です。その積み上げを大切にしたいと思っています」というものでした。キャリア教育の考え方は障がいが重度の子どもに適用しにくいという声もある中で、目の覚めるような発言でした。本書の教材を参考にして、子ども達の「深い学び」に届く教育実践が展開されることを強く期待致します。

行きたい所を先生やみんなに伝えるよ

気持ちや思いを伝える支援①
行きたい場所を伝えるカード

材料
①イラスト・写真カード
②ラミネートフィルム
③マジックテープ

トイレ等の場所のイラストカードが貼ってあります。言葉で伝えられなくても行きたい場所を指差して、教師に伝えられるようになっています。

ドア付近のわかりやすい場所に貼っておくのがポイントです。

材料
①プラスチック段ボール
②イラストカード　③マジックテープ

カードの中から伝えたい内容を選んで、相手に伝えるようにします。

児童生徒が伝えたい内容を用意して、一緒に使いながらカードの意味を学習していきます。

ことば・かず

キャリア学習プログラム　日常生活の指導　●小学部下学年　●人とかかわる力　●意思表現　▶P108

感想を発表するとき、何をどう伝えたらいいんだろう？

気持ちや思いを伝える支援②
一日振り返りカード

材料
①ホワイトボード
②イラストカード
③ラミネートフィルム
④板磁石

一日の楽しかったこと等を発表する際に振り返るきっかけがつかめない児童生徒におすすめです。

イラストカードをたくさん作っていろいろアレンジすることができます。また、児童生徒の実態に合わせて枠を変えて使うこともできます。

教師の質問に対し、自分の感情や思いを伝えていきます。

会話が苦手な児童生徒とのやりとりで使用しています。また、たくさんのカードでの選択が難しい児童生徒は○×カードを使います。

ことば・かず

キャリア学習プログラム　国語 ● 小学部上学年 ● 課題に向かう力 ● 振り返り　▶P114

言いたいことをうまく伝えることが苦手

気持ちや思いを伝える支援③
気持ち整理カード

日記を書くとき、ヒントとして使うカード集です。
自分の表現したい気持ちに近いものを選びます。

材料

①日記のヒントカード
②ラミネートフィルム
③単語カードリング

ことば・かず

日記以外に、自分の気持ちを発表する場面等でも活用できます。

キャリア学習プログラム　国語 ● 中学部 ● 課題に向かう力 ● 肯定的な自己評価　▶P114

物の名前を楽しく覚えてやりとりするよ

「これちょうだい」ポスト

材料
①空き箱
②イラスト
③木や段ボールの枠

教師の指示を聞いて、言われたものをポストの中に入れます。

「○○ちょうだい」「○○をポストに入れてね」と指示の言葉を聞いて、言われたものを選んでポストに入れる課題です。
ポストに入れることで、楽しんで活動することができます。

ことば・かず

キャリア学習プログラム　国語 ● 小学部下学年 ● 課題に向かう力 ● 情報の収集・活用　▶ P114

見やすく大きな文字でどんどん文字を覚えたい

ひらがな積み木

指示された文字を選んだり、読んだりして使います。
単語になるように並べたり、単語を読んだりして使います。

材料
①5センチ角位の積み木
②ひらがなを書いた紙
③赤色のシール

視力の弱い児童生徒用に、見やすいよう文字を大きくし、向きがわかるように上部に赤色のシールを貼りました。また、持ちやすいように厚みのある積み木を使用しました。一文字ずつ確認しながら声に出して読む練習をします。

| キャリア学習プログラム | 国語 ● 小学部全学年 ● 自分を知る力 ● 主体性 ▶ P113 |
| キャリア学習プログラム | 国語 ● 小学部全学年 ● 将来を考える力 ● 習慣形成 ▶ P114 |

ことば・かず

文字や言葉をたくさん覚えるよ

ひらがなカード

一文字ずつ貼っていきます。

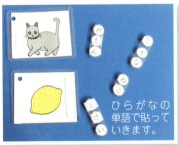

ひらがなの単語で貼っていきます。

材料
①ひらがなを書いた紙
②ラミネートフィルム
③マジックテープ
④イラスト

イラストを見ながらイラストが表す文字を貼ります。

ひらがなの紙の裏にマジックテープが貼ってあります。絵を見て、ひらがなを一文字ずつイラストの横に貼っていきます。操作しながらひらがなを覚えることができます。

ことば・かず

| キャリア学習プログラム | 国語 ● 小学部全学年 ● 課題に向かう力 ● 情報の収集・活用 ▶ P114 |

先生や友だちの名前を覚えるよ

名前の組み合わせ

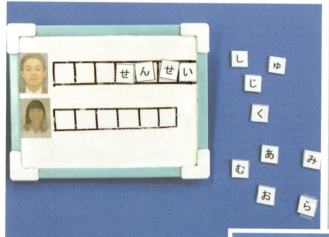

材料
①ホワイトボード
②マグネット
③顔写真
④ひらがなを書いた紙

写真の横が名前になるようにひらがなを貼っていきます。

枠の下に見本を書いて、マッチングさせることもできます。

名前を見て友だちや先生の顔写真を貼っていきます。

友だちや先生の名前をひらがなのまとまりで意識し始めている児童生徒が使っています。

ことば・かず

キャリア学習プログラム　国語 ● 小学部全学年 ● 課題に向かう力 ● 情報の収集・活用 ▶ P114

いろいろな線が書けるよ

書いてみよう

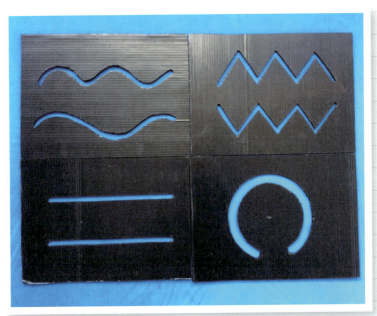

材料	プラスチック段ボールの溝を鉛筆や指でなぞります。
プラスチック段ボール	溝があるので線を書きやすくなっています。 練習を繰り返すことで鉛筆の動かし方が上手になります。

キャリア学習プログラム　国語 ● 小学部下学年 ● 将来を考える力 ● 習慣形成　▶P114

ことば・かず

三角、四角、お星さま…いろいろな形があるね

輪ゴムのボード

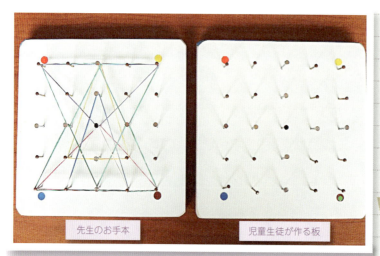

先生のお手本　　　児童生徒が作る板

材料
①木の板
②釘
③カラー輪ゴム

輪ゴムで形を作ります。教師が準備した見本と同じ形ができるように輪ゴムを釘にかけていきます。

空間認知を高めることができる教材です。形の学習だけでなく文字の学習にも使うことができ、指先を使う練習にもなります。児童生徒の力に合わせて輪ゴムの数を増やしたり、カラー輪ゴムにしたりしてもいいです。

左側に見本を書きます。見本を見て、右側に点結びをします。

点結びを繰り返すことで、ひらがなが書けるようになった児童生徒もいます。

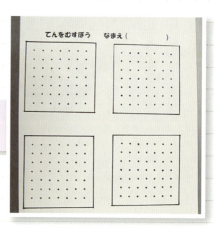

ことば・かず

キャリア学習プログラム　国語　● 小学部全学年　● 将来を考える力　● 習慣形成　▶P114

形や向きをよく見て入れよう

指先を使う課題①
ビー玉とコイン入れ

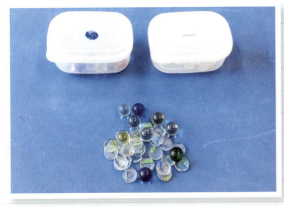

材料
① フタつきプラスチック容器
② ビー玉、おもちゃのコイン、おはじき等

プラスチック容器にそれぞれビー玉やコイン、おはじきを入れる穴を開けます。どの穴に何が入るか見極めながら入れていきます。

コインやおはじきは穴の向きを合わせる必要があり、ビー玉は指でギュッと押し込まないと入りません。集中して取り組むことができます。

キャリア学習プログラム　自立活動 ● 小学部下学年 ● 将来を考える力 ● 習慣形成　▶P121

ことば・かず

小さい穴に細い物をつまんで入れよう

指先を使う課題②
ストロー・つまようじ入れ

材料

①フタ付き容器
②ストロー
③つまようじ

フタ付きの容器に、ストローやつまようじが入る大きさの穴をあけ、ストローやつまようじを指先でつまんで中に入れます。

穴が小さく、よく見ないと入らないので集中力がつきます。児童生徒の力に合わせて穴の大きさやストローの太さを変えてみるといいです。

ことば・かず

キャリア学習プログラム　自立活動　●　小学部下学年　●　将来を考える力　●　習慣形成　▶P121

色を合わせてピックをさすよ

指先を使う課題③
ピックさし

材料
①ピック
②フタ付き容器
③シール（色）

シールと同じ色のピックをさしていきます。

ピックは先端が太いので全部中に入らないようになっています。使用しない場合はピックは容器に入れて保管できます。

材料
①コルク
②画びょう

コルクに何色かの印をつけ、印と同じ色の画びょうをさします。

キャリア学習プログラム　自立活動 ● 小学部下学年 ● 将来を考える力 ● 習慣形成　▶P121

ことば・かず

色を合わせて竹串をさすよ

指先を使う課題④
竹串さし

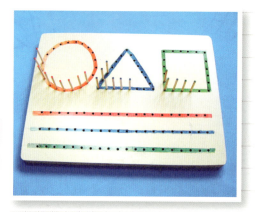

材料　①板または段ボール
　　　②竹串

板または段ボールにあけた小さな穴に竹串をさします。竹串の先に色が塗ってあるので、赤・青・緑の色分けをしながらさします。

指でつまんでさす練習だけでなく、○、△、□の勉強にもなります。

| キャリア学習プログラム | 自立活動 ● 小学部全学年 ● 将来を考える力 ● 習慣形成 ▶P121 |
| キャリア学習プログラム | 算数・数学 ● 小学部全学年 ● 将来を考える力 ● 習慣形成 ▶P115 |

ことば・かず

ビーズを通して何ができるかな

指先を使う課題⑤
ひも通し

材料

①ウッドビーズ
②丸ひも

実物の見本や写真と同じように球をひもに通していきます。

色のマッチングと指先を使う練習になります。

| キャリア学習プログラム | 自立活動 ● 小学部上学年 ● 将来を考える力 ● 習慣形成 ▶ P121 |
| キャリア学習プログラム | 算数・数学 ● 小学部上学年 ● 将来を考える力 ● 習慣形成 ▶ P115 |

ことば・かず

色を合わせて組み立てができるかな

指先を使う課題⑥
ボールペンの組み立て

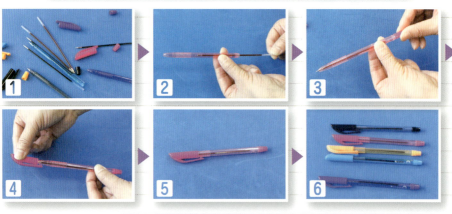

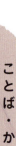

材料
カラーのボールペン

同じ色の部品を集めてボールペンを組み立てていきます。

カラーのボールペンを組み立てます。色のマッチングと指先を使う練習になります。

| キャリア学習プログラム | 自立活動 ● 小学部全学年 ● 将来を考える力 ● 習慣形成　▶P121 |
| キャリア学習プログラム | 算数・数学 ● 小学部全学年 ● 将来を考える力 ● 習慣形成　▶P115 |

色や形を合わせながらボタンの練習

指先を使う課題⑦
形、色合わせ

色と形を合わせながらスナップボタンを留めていきます。

材料
①クッションカバー
②布（フェルト）
③スナップボタン

色と形のマッチングと指先を使う練習になります。

材料
①フェルト
②スナップボタン

組み合わせる色を1色、2色、3色…とさまざまなパターンを設定し、レベルアップすることができます。

| キャリア学習プログラム | 自立活動 ● 小学部上学年 ● 将来を考える力 ● 習慣形成 ▶ P121 |
| キャリア学習プログラム | 算数・数学 ● 小学部上学年 ● 将来を考える力 ● 習慣形成 ▶ P115 |

ことば・かず

ゆっくり動かして手先に集中

ゆっくり動かそう①
ゴーゴークリップ

| 材料 | ①アクリルの筒　②マグネット　③ペンまたは棒　④クリップ |

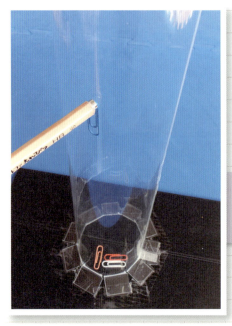

マグネット付きのペンで筒の外側から中のクリップをくっつけ、ゆっくり上に動かして取り出します。

ゆっくり動かさないとクリップが離れてしまうので、集中して取り組むことができます。

| 材料 | ①アクリル板　②クリップ　③ペンまたは棒　④ビニールテープ　⑤マグネット |

マグネット付きのペンでアクリル板の下からクリップをゆっくりと動かします。

線を意識して動かすので、なぞり書きの前段階の練習にぴったりです。

キャリア学習プログラム　自立活動　●小学部全学年　●将来を考える力　●習慣形成　▶P121

ことば・かず

楽しみながら、集中だ

ゆっくり動かそう②
ゴーゴー迷路

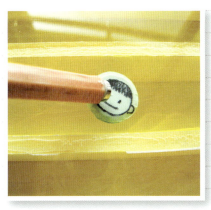

材料

① カラースチレンボード　④ マグネット
② アクリル板　　　　　　⑤ イラスト
③ ペンまたは棒

マグネット付きのペンで、迷路にかぶせたアクリル板の上から中にあるイラストをくっつけ、迷路に沿って動かします。

集中してできるようになったら、より複雑な迷路に挑戦します。マグネットをビー玉に替え、迷路に沿って転がして遊ぶのもおもしろいです。

| キャリア学習プログラム | 自立活動 ● 小学部全学年 ● 将来を考える力 ● 習慣形成　▶ P121 |

ことば・かず

イラストと同じ物はどれだろう？

物とカードのマッチング

材料
①イラストカード
②模型
③分類用ケース

物とカードのマッチングをしたり、カードを見て同じ物の模型を取り、先生に渡したりします。

見た目が違っても、同じ物の仲間だということを学習します。

材料
①同じイラストの大小のカード
②お菓子等の仕切りのある空き箱

サイズの違うイラストを同じイラストのところに入れていきます。

ことば・かず

キャリア学習プログラム　国語 ● 小学部下学年 ● 課題に向かう力 ● 情報の収集・活用　▶ P114

色と絵の2つを一緒に考えるのが苦手

どこの部屋に入るかな？

材料
①ホワイトボード
②マグネットシート
③イラスト

縦軸と横軸の2つの条件を満たすイラストを貼って表を完成させます。

「赤い帽子」等と指示された物を取り出したり、イラストを見て色と物の名前を答えたりする学習もできます。

材料
①色違いのイラストカード
②ラミネートフィルム
③分類用ケース

形（絵）や色を見て弁別します。

身近な物のイラストをそれぞれ5色準備し、形や色で弁別をします。どちらで弁別するかを変えることができます。

キャリア学習プログラム　算数・数学　● 小学部上学年　● 将来を考える力　● 習慣形成　▶ P115

ことば・かず

指先でつまんで色を仕分けよう

弁別の課題①
ポンポン色分け

ケースにカラーシールを貼り、同じ色のフェルトボールを入れます。

材料　①仕切りのあるケース　②フェルトボール　③シール

材料　①薬ケース　②フェルトボール

ケースにそれぞれの色を分けていきます。

1つずつふたを開け閉めして、フェルトボールを入れるので、指先を動かす運動にもなります。

ことば・かず

キャリア学習プログラム　算数・数学 ● 小学部全学年 ● 将来を考える力 ● 習慣形成　▶ P115

どのびんにどのキャップがぴったりあうかな？

弁別の課題②
大小キャップ仕分け

材料

①たれびん
②ふた付きパック

大きさの違う、たれびんに合うキャップを見分けて、閉めていきます。キャップを閉めた後は、適した大きさの穴に収めていきます。

材料

①薬ケース
②たれびん
③色紙

たれびんにフタをして、ケースの中に入れてある色紙と同じ色のところに入れます。

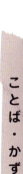

キャリア学習プログラム　算数・数学　●小学部上学年　●将来を考える力　●習慣形成　▶P115

色や形ごとに仕分けよう

弁別の課題③
色と形で仕分け

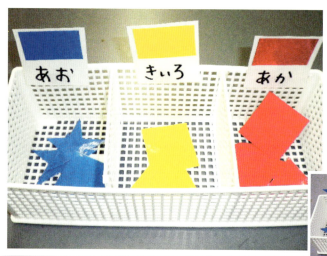

材料
①色画用紙
②仕切りがあるかご

色で分けたり、形で分けたり、課題を変えて取り組みます。

「この課題はどんなことをすればいいのかな？」と見て考えることを大切にしています。

材料
①紙
②ラミネートフィルム
③クリップ

クリップにさしてある形または色のカードを見て弁別する。

ことば・かず

キャリア学習プログラム　算数・数学　● 小学部上学年　● 将来を考える力　● 習慣形成　▶ P115

色や大きさじゃないよ、形で仕分けよう

弁別の課題④
形で分ける

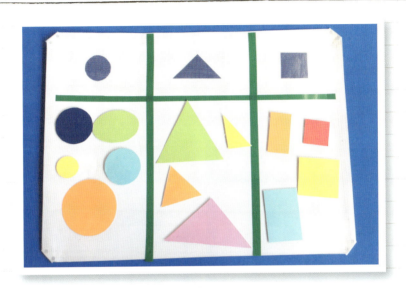

材料

①ホワイトボード
②色画用紙
③段ボール

形を見ながら分けて置いていきます。

三角形の中にも、正三角形と二等辺三角形がある、四角形の中にも正方形と長方形がある、ということを含め、角の数に着目した仲間分けをします。

キャリア学習プログラム　算数・数学 ● 中学部 ● 将来を考える力 ● 習慣形成　▶ P115

形の組み合わせで何ができるかな

形の組み合わせ

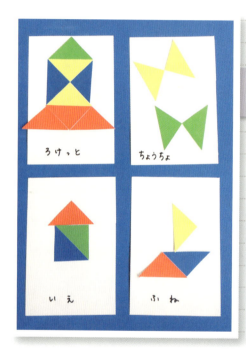

材料 ①色板
②ラミネートフィルム

三角形のいろいろな色の見本と同じように並べます。

形の向きをよく見て組み合わせていきます。
自分で工夫して好きな形を作るのもいいです。

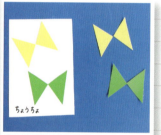

材料 ①正方形の板
②木の枠

見本と同じ形を作っていきます。

積み木は裏表で異なる配色になっているので、裏返したり回したりしながら組み合わせていきます。

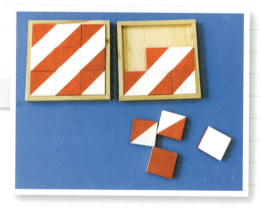

キャリア学習プログラム　算数・数学　● 中学部　● 将来を考える力　● 習慣形成　▶ P115

ことば・かず

数字の順序を覚えるよ

数の学習①
数字のパズル

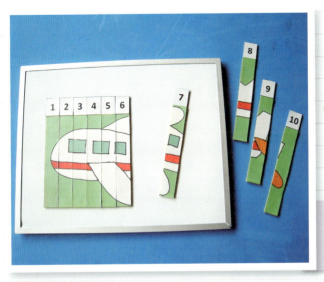

材料
①ホワイトボード
②紙
③ラミネートフィルム

数字を順に並べます。全部並べると飛行機の絵が完成します。

児童生徒が好きなイラストを用意します。楽しみながら順序数がわかったり、数唱ができるようになったりすることにつながっていきます。

材料
①カラーボード
②1～10までの数字を書いた紙（パズル）
③ラミネートフィルム

1～10の中から1つ選択します。完成する数字を提示します。パズルが完成したら、数詞を選択して読みます。

完成したら何の数字になるのかワクワクしながら課題に取り組めます。

キャリア学習プログラム　算数・数学 ● 小学部下学年 ● 将来を考える力 ● 習慣形成　▶ P115

ことば・かず

数字と読み方と数量を知ろう

数の学習②
数量ボード

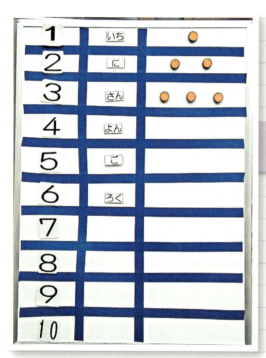

材料
① ホワイトボード
② ビニールテープ
③ 磁石
④ 読み方カード

数字を見て、読み方カードと磁石を貼っていきます。

はじめに数字を順列で並べます。次に数詞を数字とマッチングさせます。最後に数字と数詞を確認して、数量を操作します。

材料
① マジックテープ
② ラミネートフィルム
③ 数字を書いた紙
⑤ 色紙

数字に合わせて色紙を置いていきます。

数を数える学習だけでなく、数の分解と合成の学習にも使えます。

ことば・かず

キャリア学習プログラム　算数・数学　● 小学部全学年　● 将来を考える力　● 習慣形成　▶ P115

数を数えるのが苦手

数の学習③
1～10の数

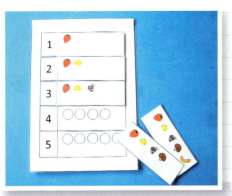

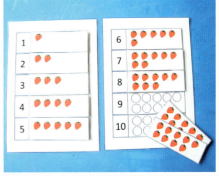

台紙の上に同じ数のカードを貼っていきます。

材料
①A4用紙
②ラミネートフィルム

1～5までと1～10の数の2種類の台紙があります。○の数と同じ数の絵を描いたシートを貼っていきます。シートの絵はすべて同じ絵柄にしたり、様々な絵柄にします。段階をあげて、○の印をなくしていくこともできます。

材料　①プリント　②おはじき
　　　　③ファイル　④しきり（厚紙）

数字の数だけおはじきを置いていきます。

数字が書かれたプリントは入れ替えることができるので、課題をどんどん変えることができます。

ことば・かず

キャリア学習プログラム　算数・数学　● 小学部全学年　● 将来を考える力　● 習慣形成　▶P115

たし算ができるようになりたいな

数の学習④
アナログ計算機

3つ動かしました。

4つ動かしました。

　3＋4の計算をする場面で
「まず3つ玉を動かすよ」
「次に4つ玉を動かすよ」
「合わせていくつになった？　数えてみて」
と、実際に動かしながら確認していきます。

材料　①カーテンレール
　　　②ウッドビーズ

カーテンレールを使ったので、ウッドビーズがバラバラにならず、動かしやすくなりました。

ことば・かず

キャリア学習プログラム　算数・数学　●　小学部上学年　●　課題に向かう力　●　情報収集・活用　▶P115

時計が読めるようになりたい

カラフル歯ぐるま時計

児童生徒の力に応じて、長針や短針を動かして「○時」「○時○分」と時刻を示します。教師と一緒に読む練習をしたり、指示された時刻に針を合わせたりして楽しく学習します。

材料
①厚紙
②割りピン

時間ごとにカラフルな色で区切られており、長針や短針がどの数字や時間帯を指しているのかがわかりやすく、初めての学習でも、楽しく意欲をもって取り組めます。

キャリア学習プログラム　算数・数学 ● 小学部上学年 ● 将来を考える力 ● 社会のきまり　▶P115

ことば・かず

子どもたちの願いや夢を
実現する教育の実践

独立行政法人国立特別支援教育総合研究所
情報・支援部長(兼)上席総括研究員

明官　茂
（めいかん　しげる）

　昨年度、全国各都道府県の特別支援学校長会の代表者が集まる会議の折、岐阜県の代表である原武志校長先生から「学校単独で教材集の出版を検討しています。その折はご指導よろしくお願いします」というお話をうかがいました。正直、公立学校の教員組織だけで一般書籍を完成し出版にこぎ着けることが可能であろうかと、出版業界の厳しさも相まってその道のりを心配していました。ところが半年後の同じ会議で「おかげ様で出版が決定しました。推薦文をよろしくお願いします」という嬉しい申し出をいただきました。

　当校は全校職員が研究組織となって、自主的な課題研究を毎年実践されていますが、平成28年度の研究テーマは「子どもたちの願いや夢を実現する教育の実践〜キャリア教育の視点を取り入れた授業づくり〜」となっています。これは昨年度の研究で完成した当校オリジナルの「キャリア学習プログラム」を実際の授業づくりの中で活用し、さらに完成度の高いものへと仕上げたいという願いから設定され、実践に入られたと聞いています。

　さて、特別支援学校では養護学校が義務化された昭和50年代より子どもたちの生きる力を育むための様々な教育実践がされてきたと言えます。これは特別な教育的ニーズを有する子どもたちに対して、キャリア発達を促す教育を推進してきたとも言いかえられます。

　しかしながら、特別な教育的ニーズを有する子どもたちは、失敗経験等の多さや積み重ねから自己肯定感、自己有用感等が非常に低く、願いや夢をもてないことが少なくありません。子どもたちがより自分らしい願いや夢をもち、その実現に向かうためには、教育活動全般において、より多くの成功経験を積み重ねることができ、子どもたちの活動がより主体的なものとなるよう、支援の工夫や充実を図ることがとても大切になります。

　当校の毎日の授業づくりでは、そうしたことを可能にするための教材開発が精力的に進められていて、「キャリア発達を促す授業づくり」が個別の教育支援計画、個別の指導計画をはじめとする当校の教育全般の中に息づいています。

　岐阜県立東濃特別支援学校の「子どもたちの願いや夢を実現する教育の実践」の具体的成果物の一つである、本書「簡単手作り教材BOOK」の完成と発刊を心よりお祝いいたします。

キャリア発達段階表・キャリア学習プログラムについて

東濃特別支援学校　知的障がいを有する児童生徒用

東濃特別支援学校　キャリア発達段階表

　中央教育審議会「今後の学校におけるキャリア教育・職業教育の在り方について」（平成23年1月31日答申）において、キャリア教育で育成すべき力として「基礎的・汎用的能力」が示されました。「基礎的・汎用的能力」は「人間関係形成・社会形成能力」「自己理解・自己管理能力」「課題対応能力」「キャリアプランニング能力」の4つの能力によって構成されますが、本校はこれを参考に学校の実情を踏まえ「人とかかわる力」「自分を知る力」「課題に向かう力」「将来を考える力」と定め、児童生徒の実態や教育活動に合わせて育てたい力の目標を整理しました。また、各能力において具体的な要素を設定しました。

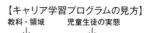

東濃特別支援学校　キャリア学習プログラム

　キャリア発達段階表の内容を各教科・領域の内容に置き換え、授業実践に生かしていくことができるように目標を整理しました。日常生活の指導、生活単元学習、自立活動においては、知的障がいと重複障がいの実態に応じて設定しました。

本校オリジナルキャラクター「キラッピー」

　本校ではキャリア発達段階表・キャリア学習プログラムを職員の共通のツールとし、授業実践や個別の教育支援計画・個別の指導計画・指導と評価の年間計画で活用しています。

※キャリア発達段階表・キャリア学習プログラムの作成にあたっては、岡山県特別支援学校長会のキャリア発達段階表を参考にさせていただきました。

東濃特別支援学校 〔知的障がいを有する児童生徒用〕
キャリア発達段階表 人とかかわる力（人間関係形成・社会形成能力）

能力	要素		小学部下学年	小学部上学年
人とかかわる力	意思表現	I	表情、身振り、言葉、絵カード等、さまざまな方法で伝えようとする	自分の思いを身振りや言葉、絵カード等、自分なりの方法で伝える
			困ったときに、教師に聞かれて伝える	困ったときに、教師に伝える
			のびのびと身体を動かす	楽しく身体を動かす
			さまざまな経験をとおして活動を楽しむ	いろいろな経験から感じた思いを表現する
		II	安心できる環境のもと、特定の教師に快・不快を表情や声、身体の動きで表す	身近な教師や友達（学級・学部）に、「楽しい」「嫌い」「やりたい」等の気持ちを、表情や声、身体の動きで伝える
	あいさつ	I	身近な大人や友達のあいさつに動作や発声等で応える	自分から友達や教師にあいさつをする
			教師の支援を受けて「ごめんね」「いいよ」等の簡単な受け答えをする	
		II	場に応じていろいろな声や言葉を出す 視線や声、表情や身振り等であいさつや返事をする	
	人とのかかわり	I	友達と同じ場で一緒に活動する	学年やクラスの友達を意識し、仲良く活動する
			特定の教師や友達に関心をもち、やりとりをする	身近な人と簡単なやりとりを楽しむ
		II	教師との信頼関係を築き、安心して生活する	教師や友達とのやりとりを楽しむ
			特定の教師からのかかわりに関心をもち、一緒に活動することを楽しむ	身近な教師や友達（学級・学年）からのかかわりに関心をもち、一緒に活動することを楽しむ
	集団参加	I	活動する人や話す人に注目し、最後まで話を聞く	
			教師や友達とかかわりながら、一緒に活動する	教師や友達を意識し、教師や友達に働きかけたり、相手に合わせたりしながら活動する
			集団の中で落ち着いて活動する	集団の中で進んで活動する
			「こっちにおいで」等、簡単な指示や約束を受け入れる	簡単な指示や約束、説明を聞き、行動する
		II	担任を支えに、学部の活動や交流会に参加する	教師を支えに学部の活動や交流会に落ち着いて参加する
			特定の教師とともに、普段と異なる集団や場所で活動することを受け入れる	身近な教師や友達（学級・学年）を支えにして、普段と異なる集団や場所での活動に取り組む

Ⅰ＝知的障がい　Ⅱ＝重複障がい（知的障がいと肢体不自由・病弱を併せ有する児童生徒）

	中学部	高等部
	自分なりに工夫して、自分の気持ちを表現する	場に応じた適切な質問や、報告ができる
	困ったことへの対応の仕方や、質問の仕方が分かる	困ったときに、仲間や教師に相談することができる
	自分らしくのびのびと身体表現をする	
	集団の中で自分の思いや経験したことを順序立てて適切に表現する	自分の思いや意見、必要な情報等を相手に分かりやすく書いたり伝えたりする
	さまざまな教師や友達に自分なりの表出方法で思いや気持ちを伝える	馴染みのない教師や友達に自分なりの表出方法で思いや気持ちを伝える
場に応じた行動	出会った人に自分からあいさつをする	相手や場面、状況に応じた適切な言葉遣い、声の大きさ、表情に注意してあいさつをする
	自分から「ごめんね」「いいよ」等の簡単な受け答えをする	
	自分なりの表出方法で、教師や友達にあいさつをする	自分なりの表出方法でさまざまな人にあいさつをする
他者理解	異学年の友達と楽しくかかわりながら活動する	相手のことを理解し、互いに気持ちよく生活していくことの大切さを知る
	友達と話し合ったり、一緒に活動したりすることで、友達の良さに気付く	友達の良さを認める
		他者や異性との適切なかかわり方について知る
	仲間の活動の様子を見ながら、自分の順番を意識して待ったり、友達からの働き掛けに応える	活動に対する気持ちを教師や仲間と共感し、表情や言葉等で表す
	教師や友達（学部）からのかかわりに関心をもち、一緒に活動することを楽しむ	いろいろな人からのかかわりに関心をもち、一緒に活動することを楽しむ
	教師から称賛されたことが分かる	自分への評価に関心をもつ
協力・共同	集団の中で、自分の思いや意見を適切に表現する	
	集団の中で友達と協力する楽しさや大切さに気付き、進んで実践する	集団で決まりを守り、それぞれの役割を意識して協力しながら活動に取り組む
	集団の中で、目的に向かって役割を理解し、協力してやり遂げようとする	仲間と協力して活動をやり遂げる
	身近な人を支えに、さまざまな集団活動に参加する	さまざまな活動に参加し、いろいろな人とかかわりながら一緒に活動することを楽しむ
	学部、学年の教師や友達を意識し、一緒に活動することを楽しむ	いろいろな人と触れ合う経験を重ね、自分らしい表現や良いところ（長所）を知ってもらい、やりとりをする

東濃特別支援学校 〔知的障がいを有する児童生徒用〕
キャリア発達段階表 自分を知る力（自己理解・自己管理能力）

能力	要素		小学部下学年	小学部上学年
自分を知る力	自己の役割理解	Ⅰ	学校生活や家庭生活において、自分の役割があることを知る	学校生活や家庭生活における自分の係や役割の意義を理解して取り組む
		Ⅱ	教師と一緒に楽しみながら活動の役割に取り組む	繰り返し取り組んできた役割を自ら取り組もうとする
	主体性	Ⅰ	好きな遊びや活動に思い切り取り組む	活動内容に見通しをもって、最後まで取り組む
			さまざまな活動に興味・関心をもって、自分もやってみようとする	さまざまな活動に取り組み、興味・関心の幅を広げる
		Ⅱ	教師とのかかわりを通して、活動を楽しむ	好きな遊びや活動に期待して取り組む
	基本的生活習慣	Ⅰ	教師と一緒に、基本的な生活習慣を身に付ける	身に付けた基本的な生活習慣を意識して活動する
			正しい身だしなみを知る	正しい身だしなみが分かり、自分で直そうとする
		Ⅱ	教師からの働きかけを受け入れて、食事、排せつ、衣服の着脱等を行うことに慣れる	教師からの働きかけを受け入れながら、食事、排せつ、衣服の着脱等において、自分でできることを見つける
	健康・体力	Ⅰ	一定時間集中して活動できる体力を付ける	持続力や集中力の保持・増進を図り、健康な身体をつくる
		Ⅱ	教師の支援を受けて睡眠、食事、排せつ等のおおまかなリズムをつくる	教師の支援を受けて睡眠、食事、排せつ等のリズムを整え、健康に生活する
			教師の働きかけにより、自分の身体に意識を向けたり、さまざまな姿勢をとったりする	
	自己理解	Ⅰ	自分の好きなこと、ものを知る	自分の好きなこと、ものを増やす
		Ⅱ	さまざまな素材に触れたり、活動を経験したりする	さまざまな素材に触れたり、活動を経験したりすることで、好きなもの、好きなことを見つける

Ⅰ＝知的障がい　Ⅱ＝重複障がい（知的障がいと肢体不自由・病弱を併せ有する児童生徒）

中学部	高等部
学校生活や家庭生活において自分の役割を見つけ、継続して取り組む	学習や作業、生活上の任せられた役割を責任をもって果たそうとする
自分の役割にやりがいをもって意欲的に取り組む	さまざまな活動における自分の役割に責任をもって取り組む
活動内容を理解して、見通しや目標をもって最後まで取り組む	活動内容の意義が分かり、意欲的に取り組む
さまざまな活動に興味・関心をもって、自分から意欲的に取り組む	卒業後の生活を意識し、必要な知識や技能を身に付けようとする
好きな遊びや活動に期待感や見通しをもって、やりたい気持ちを伝える	さまざまな活動に期待感や見通しをもって、やりたい気持ちを伝える
日常生活に応じた身辺処理能力を高め、生活のリズムを整える	卒業後の生活を見据え、自分の生活を振り返って、見直したり、改善したりしようとする
自分で身だしなみを整える	場所や状況に合った身だしなみを知り、適切に身に付けることができる
教師の働きかけを受け入れながら、食事、排せつ、衣服の着脱等において、自分でできることを増やす	食事、排せつ、衣服の着脱等において、どの教師の支援も同様に受け入れる
継続的に運動し、体力の維持・増進を図る	体力の維持・向上を目指し健康を自己管理する
睡眠、食事、排せつ等のリズムが定着し、健康に生活する	非日常的な出来事や生活時間等の変化があっても健康状態を保つ
楽な姿勢や活動しやすい姿勢が定まり、教師の支援に合わせて、さまざまな姿勢をとる	どの教師の支援も受け入れ、適切な筋緊張状態で、活動に適した姿勢をとる
自分のよいところ、得意なことを知る	自分の長所や短所に気付き、伸長・改善を図る
さまざまな素材に触れたり、活動を経験したりすることで、興味・関心の幅を広げる	

東濃特別支援学校 〔知的障がいを有する児童生徒用〕
キャリア発達段階表 課題に向かう力（課題対応能力）

能力	要素		小学部下学年	小学部上学年
課題に向かう力	情報の収集・活用	I	教師の話や写真、ビデオ等を見て活動に興味・関心をもつ	教師の話や写真、ビデオ等を見て活動内容に見通しをもって取り組む
			周りの変化に気付く	周りの状況に興味をもつ
			教師の動きをまねて楽しむ	運動の基本動作を身に付ける
			身近なものに興味・関心をもち、意識したり、触れたりする	身近にある具体物を比べたり、選んだりする
		II	教師の声や顔が分かり、気持ちを向ける	なじみのある人や好きな人、物が分かる
			すぐ近くの人や物を注視したり、手を伸ばして触ろうとしたりする	
			いろいろなものに触れて、身体全体の感覚を高める	いろいろなものに触れて感触を味わいながら、興味・関心の幅を広げる
	目標設定	I	自分のやりたいことを決める	自分で決めた目標に向けて、見通しをもって取り組む
			設定された目標、題材に対し、教師と一緒に取り組む	設定された目標に最後まで取り組む
			ひとつながりの活動の終わりを感じ取る	ひとつながりの活動の終わりを受け入れる
		II	教師と一緒にやりたいことを決めて取り組む	教師と一緒にやりたいことを決めて、自分から取り組もうとする
	振り返り	I	教師と一緒に頑張ったことやできたこと、楽しかったことを確認する	活動後に頑張ったことや楽しかったこと、やり遂げたことを振り返る
			教師の称賛を聞いて頑張ったことに気付く	活動を振り返り、頑張ったことや楽しかったことを発表する
		II	教師と一緒に頑張ったことや楽しかったこと等活動を振り返る	活動を振り返り、頑張ったことや楽しかったことを振り返る

Ⅰ＝知的障がい　Ⅱ＝重複障がい（知的障がいと肢体不自由・病弱を併せ有する児童生徒）

中学部	高等部
活動に必要なものをカード等で確認し、選択することができる	活動に必要なものを自分で判断して準備ができ、活用することができる
周りの状況を受け入れる	周りの状況に自分なりに対応する
手足の協応動作等、技術の向上に努める	
情報を得るためには、本やインターネット等さまざまな方法があることが分かり、活動の中で役立てる	自分が必要とする情報を得るために、パソコンや資料等、さまざまな方法を活用する
	情報モラルについて正しい知識を身に付け、正しく使用する
教師や友達を声や姿等で区別する	周囲のいろいろな人を声や姿等で区別する
選択肢の中から自分の好きなもの、したいことを選ぶ	場所や支援者が変わっても、自分の要求を伝える方法をもつ
いろいろなものを操作しながら色や形、感触等の理解を深める	
自分で決めたことをやり遂げる	将来の進路に基づいて、学習の目標を設定し、目標の達成に向けて取り組む
自ら目標を設定し、目標を意識して取り組む	働く上での自分の課題を見つけ、その課題の克服に向けて意欲的に取り組む
繰り返される物事について、「〜したら、〜になる」という短い見通しをもつ	日常的に繰り返される物事について、見通しをもつ
目標に向けて見通しをもって取り組む	

肯定的な自己評価	活動を振り返り、頑張った自分に気付く	友達とお互いの活動について評価し合う
	頑張ったことや楽しかったことを振り返り、自己を評価するとともに次への期待感をもつ	活動を振り返り、課題や目標を考え、発表する
		客観的・肯定的に自己評価し、次の活動に生かす
	教師から褒められることに喜びを感じ、頑張っている自分に気付く	活動を振り返り、楽しかったことや頑張ったことを発表する

東濃特別支援学校 〔知的障がいを有する児童生徒用〕

キャリア発達段階表 将来を考える力（キャリアプランニング能力）

能力	要素		小学部下学年	小学部上学年
将来を考える力	役割の理解と分担	I	自分の役割を支援を受けながら果たす	友達の活動を意識しながら自分の役割を主体的に果たそうとする
			多くの役割があることを知り、自分の役割を知る	自分の役割分担が分かり、活動に取り組む
		II	さまざまな活動内容を見て知り、教師の支援を受けながら取り組む	自分の役割が分かり、教師の支援を受けながら自ら取り組む
	社会のきまり	I	日常生活の簡単なきまりを知り、意識して行動する	日常生活の中で簡単なきまりを守って行動する
			簡単なルールのある活動に教師と一緒に参加する	簡単なルールのある活動を通して、順番を守ったり、ルールに従ったりする
			時間や日付、金銭に興味・関心をもつ	時間や日付、金銭の初歩的な概念を理解する
		II	教師と一緒に付近の公園や施設を利用する	教師と一緒に公共施設や公共交通機関を利用する
	生きがい・やりがい	I	支援を受けて役割を果たすことで自分の役割に気付く	人の役に立つ喜びを感じ、係や当番の役割を最後まで果たそうとする
			一日の活動の中で好きなことやできることに精一杯取り組む	好きな活動を増やす
		II	さまざまな遊びを経験する	さまざまな遊びや活動を経験する
			取り組んだことに対して褒められる経験を積む	思う存分活動に取り組み、物事をやり遂げようとする気持ちをもつ
			一日の活動の中で好きなことや楽しみな活動を見つける	一日の活動内容を知り、楽しみにする
	夢や希望	I	周りのかかわりのある人に興味をもつ	身近な働く人に関心をもつ
			大きくなったらどんなことがしたいか伝える	どんな中学生になりたいか教師と一緒に考える
		II	好きな活動や楽しめる活動を教師と一緒に探す	好きな活動や楽しめる活動の内容を広げる
			安定した健康状態を、教師とともに獲得・確立していく	安定した健康状態や学習した事柄を基盤にして、活動の幅を広げていく
	習慣形成	I	身近な道具の使い方を知る	安全に注意しながら身近な道具の使い方を知る
			あいさつや報告等、場に合わせた態度を知る	あいさつや報告等、働くために必要な基本的態度を身に付ける
		II	身近な道具に興味・関心をもつ	身近な道具を扱うことに興味・関心をもち、教師と一緒に使う
	選択	I	2つ、3つの選択肢の中から選ぶ	いくつかの選択肢の中から選ぶ
			好きな遊びや活動を選択し、活動に参加する	好きな遊びや活動を自ら選択し、進んで取り組む
		II	好きな遊びや活動を教師と選択して取り組む	2つの物から選択する

Ⅰ＝知的障がい　Ⅱ＝重複障がい（知的障がいと肢体不自由・病弱を併せ有する児童生徒）

中学部	高等部	
役割を果たすことで周りの人の役に立っていることを感じる	自分や仲間の役割について理解を深め、体験を通して役割を果たすために必要な力や態度を身に付ける	
自分の役割分担が分かり、主体的に取り組む	役割分担ができ、相手とコミュニケーションを図りながら取り組む	
活動を通して自分の役割が分かり、主体的に取り組もうとする	自分の役割が分かり、見通しをもって最後までやり遂げようとする	
社会の中のさまざまなルールを知り、それらを守ろうとする	法や制度の理解	社会生活にいろいろな決まりがあることを知り、守って行動する
集団の中でルールを守り、活動する		指示や話からルールをほぼ理解し、意識しながら自主的に動く
時間や日付、金銭について理解し、生活の中で扱う		時間や日付、金銭について理解し、計画的に活用する
公共施設や公共交通機関を利用し、利用の仕方やマナーを知る		公共施設や公共交通機関を利用し、マナーを守って利用する
教師と一緒に安定した気持ちで1泊程度の宿泊をする		普段面識のない支援者の支援を受けながら、安定した気持ちで1、2泊程度の宿泊をする
係活動や当番の役割へのやりがいを感じ、意欲的に取り組む	決められた役割以外にも、集団の中で果たす役割に気付き、自分の役割を果たす	
余暇を有効に過ごすための方法を知り、生活に生かす	将来の希望する生活に基づいた余暇の過ごし方について理解し、生活で実践する	
さまざまな遊びを経験し、好きな遊びを増やす	余暇の時間の使い方を意識し、自分が楽しめる活動を増やす	
身に付けたコミュニケーション能力を使って身近な人に気持ちを伝える	身に付けたコミュニケーション能力を使って、自分の気持ちや要求を伝える	
一日の活動の見通しをもち、期待感をもつ	一日の活動への見通しをもち、いくつかの活動に期待感をもつ	
働くことに関心をもつ	興味のある仕事や職業について考える	
中学部を卒業した後の生活について考える	将来就きたい職業について、理解を深め、夢や希望、期待をもつ	
好きな活動や楽しめる活動の内容や場所を広げる	支援を受けながら、学校や家庭以外の場で過ごすことを通して、自分のことを知ってもらい、支援者や活動の場を増やす	
大人への移行を意識した学習内容や方法により、活動の新たな意味を見出す		
安全や衛生に気を付け、道具を正しく使用する	安全や衛生に気を付け、道具を適切に使用する	
活動内容や時間等から簡単な予定を立てる	活動内容や時間を見て、予定を立てる	
身近な道具の使い方を知り、教師と一緒に使う	身近な道具を教師と一緒に適切に扱う	
いくつかの選択肢の中から、自分の興味・関心に基づいて選ぶ	学習や経験を踏まえて最適な選択をする	
自ら考え、より良い選択をしようとする	テーマに沿って考えた自分の意思を示し、主体的に選択する	
楽しめる活動や好きな遊びを自ら選択し伝える		

東濃特別支援学校 キャリア学習プログラム

日常生活の指導（知的障がい）

能力	要素	小学部下学年	小学部上学年	要素	中学部
人とかかわる力	意思表現	自分の思いを表情や身振り、言葉等で伝えようとする	自分の思いを言葉やカード、動作等で相手に伝える		自分の思いや意見を適切に表現する
	あいさつ	身近な人にあいさつをする	場に合ったあいさつの仕方や要件の伝え方を覚え、進んで行うことができる	場に応じた行動	相手や場面、状況を考えて、あいさつをしたり行動したりする
	人とのかかわり	教師の働きかけを受け入れ、模倣をする等して遊ぶ	身近な人と簡単なやりとりをする	他者理解	一緒に活動したりすることで友達の良さに気付く
	集団参加	姿勢を正し、活動する人や話す人に注目して参加する	活動する人や話す人に注目し、最後まで話を聞いたり、参加したりする	協力・共同	目的を友達と共有し、協力して成し遂げる（掃除や係活動）
自分を知る力	自己の役割理解	当番の活動や簡単な係活動があることを知る	当番や担当の係の仕事内容が分かる		生活全般の中で自分の果たすべき役割があることを理解する
		身の回りのことを自分で行おうとする	自分の役割や活動を最後まで行う		
	主体性	身の回りの事柄に興味・関心をもち、自分もやってみたいという気持ちをもつ	活動の流れが分かり、進んで行う		自分のやるべきことが分かり、進んで役割や活動に取り組む
	基本的生活習慣	手洗いをしたり、身なりを整えたりする	好ましい着替えの手順で、一人で着替え、身だしなみを整える		基本的生活習慣を身に付け生活のリズムを整える（食事、排泄、身だしなみ、清潔等）
		脱いだ服をたたむ習慣を身に付ける	脱いだ服が表になっているかを確認し、きちんとたたむ		
		いすに座って食べる／食事道具を使って食べる	食事道具を正しく使って食べる／好き嫌いなく食べる		
		失敗せず、トイレで排泄をする	排泄後、自分で拭く／排尿時、おしりを出さずに用を足す		
		教師と一緒に歯磨きをしたり、仕上げ磨きを受け入れたりする	歯磨きの正しい仕方を覚え、自分から取り組む		
課題に向かう力	情報の収集・活用	教師の話を聞いて、今日の活動に興味をもつ	予定カードを手がかりに、今日の活動のおおまかな流れが分かる		一日の活動の見通しをもち、行動する
	振り返り	教師と一緒に一日の活動を振り返る	教師と一緒に一日の活動を振り返り、楽しかったことや頑張ったことを発表する	肯定的な自己評価	一日の活動を振り返り、頑張った自分に気付き、次の活動への意欲をもつ
将来を考える力	役割の理解と分担	活動の中で、さまざまな役割があることを知る	さまざまな役割があることを理解したり、友達を意識したりしながら、簡単な役割を行う	役割の理解と実行	係活動や当番活動等役割に進んで取り組み、周りの人の役に立っている喜びを感じる
		ほめられる経験を積む	人の役に立って、ほめられる経験を積む		
	社会のきまり	日常生活の簡単なきまりを知り、行動しようとする	日常生活の簡単なきまりが分かり、それらを守って行動する		集団の中でルールを守り、行動する
	生きがい・やりがい	一日の活動の中で、好きなことや楽しみな活動を見つける	一日の活動内容を知り、好きな活動を楽しみにする		一日の活動を見通し、目標をもつ
			翌日の活動内容を知り、好きな活動を楽しみにする		一週間の大まかな活動を見通し、目標をもつ
	習慣形成	教師と一緒に掃除をして、自分の使う場所をきれいにする意識をもつ／ほうきや雑巾の使い方を知る	自分の教室をほうきや雑巾を使って掃除する		掃除道具を正しく使って、みんなで使う場所を掃除する
		教師と一緒に朝や帰りの準備、給食の準備を行う	一人で朝や帰りの準備、給食の準備を行う		時間を認識して、朝や帰りの準備、給食の準備を行う

日常生活の指導　（重複障がい [知的障がいと肢体不自由・病弱を併せ有する児童生徒]）

能力	要素	小学部下学年	小学部上学年	中学部	高等部
人とかかわる力	意思表現	特定の教師に声や表情や身振りで思いや気持ちを表現する	身近な教師に自分なりの表出方法で思いや気持ちを表現する	さまざまな教師や友達にも自分なりの表出方法で思いや気持ちを伝える	なじみのない教師や友達に自分なりの表出方法で思いや気持ちを伝える
人とかかわる力	あいさつ	視線や声、表情や身振り等であいさつや返事をする	視線や声、言葉等であいさつや返事をする	場に応じた行動／自分なりの表出方法で、教師や友達にあいさつをする	自分なりの表出方法で、さまざまな人にあいさつをする
人とかかわる力	人とのかかわり	特定の教師からのかかわりに関心をもち、かかわりを受け入れる	身近な教師や友達からのかかわりに関心をもち、やりとりを楽しむ	さまざまな教師や友達からのかかわりに関心をもち、かかわりを受け入れる	
人とかかわる力	人とのかかわり			身近な教師の言葉掛けを聞き、活動を楽しみながら表情等で応える	
人とかかわる力	集団参加	集団の場に慣れ、活動に参加する	集団活動の中で、楽しんで参加する	協力・共同／友達や教師と一緒に活動する	さまざまな人とかかわりながら活動する
人とかかわる力	集団参加			言葉掛けやサイン等の指示を受け、協力的な動作をする	
自分を知る力	自己の役割理解	教師の支援を受けて、身の回りのことを教師と一緒に行う	当番の仕事や係の仕事に取り組む	自分の役割が分かり、教師の支援を受けて活動する	教師の支援を受けながら、自分の役割を最後まで行う
自分を知る力	自己の役割理解		教師の支援を受けて、身の回りのことを自分で行う	自分でできることは、自分で行う	
自分を知る力	基本的生活習慣	睡眠、食事、排泄等のおおまかなリズムをつくる	睡眠、食事、排泄等のリズムが整い、健康に生活する	睡眠、食事、排泄等のリズムが定着し、健康に生活する	いつもと違う活動の流れであっても、生活リズムを整え、意欲的に活動する
自分を知る力	基本的生活習慣	教師の支援を受けて、食事をする	教師の支援に合わせて、食事をする	自分に合った食事方法で、食事をする	さまざまな人の支援を受けて、食事をする
自分を知る力	基本的生活習慣	トイレに行くことに慣れる	定時排泄に対する意識をもつ	身近な教師の支援を受けて、トイレで排泄する	さまざまな人の支援を受けて、トイレで排泄する
自分を知る力	基本的生活習慣	教師の支援を受けて、健康チェックや歯磨きをする	自分で歯を磨いたり、教師に磨いてもらったりする	手洗いや歯磨き等、清潔に対する意識をもつ	
自分を知る力	基本的生活習慣	教師の支援を受けて、着替えをする		見通しをもちながら着替えをする	
自分を知る力	基本的生活習慣	教師の支援を受けて、脱いだものを片付ける		脱いだものを自分で片付ける	
自分を知る力	自己理解	自分の身体に意識を向け、いすに座ったり、楽な姿勢をとったりする	自分の身体に意識を向け、活動しやすい姿勢をとる	楽な姿勢や活動しやすい姿勢が分かり、定まる	いろいろな人の支援を受け入れ、適切な緊張状態で、活動に適した姿勢をとる
課題に向かう力	情報の収集・活用	今日の活動や給食について知る	今日の活動のおおまかな流れが分かる	一日の活動を知り、見通しをもつ	一日の活動を知り、見通しをもち、次の活動に気持ちを向ける
課題に向かう力	情報の収集・活用	身近な教師の声や顔が分かる	身近な教師や友達の声や顔が分かる	教師や友達を声と姿等で区別する	周囲のいろいろな人を声や姿等で区別する
課題に向かう力	情報の収集・活用	すぐ近くの人や物を注視したり、手を伸ばして触ろうとしたりする	2つの物から、選択する	選択肢の中から自分の好きなもの、したいことを選ぶ	場所や支援者が変わっても、自分の要求を伝える方法をもつ
課題に向かう力	振り返り	教師と一緒に一日の活動を振り返る	一日の活動の中で、楽しかったことや頑張ったことを振り返る	一日の活動を振り返り、楽しかったことやがんばったことを発表する	
課題に向かう力	振り返り	一日の活動を振り返る中で、褒められる経験を積む	一日の頑張りを教師や友達に認めてもらい、喜びを感じる	教師から褒められることに喜びを感じ、次への意欲をもつ	

能力	要素	小学部下学年	小学部上学年	中学部	高等部
将来を考える力	生きがい・やりがい	一日の活動の中で、好きなことや楽しみな活動を見つける	一日の活動内容を知り、楽しみにする	一日の活動の見通しをもち、期待感をもつ	一日の活動への見通しをもつとともに、目標をもつ
				明日の活動を知り、楽しみにする	明日の活動を知り、期待感をもつ
		支援機器を使うことに慣れる		さまざまな支援機器を使うことにより、生活の質を上げる	
	習慣形成	自分の荷物を教師の支援を受けて、かばんから出す 自分の荷物を教師の支援を受けて、かばんに入れる		活動の準備を教師の支援を受けて行う	教師の支援を受けて、帰り支度、身支度の仕方等を身に付ける

生活単元学習（知的障がい）

能力	要素	小学部下学年	小学部上学年	中学部	高等部
人とかかわる力	意思表現	自分の思いを表情や身振り、言葉等で伝えようとする	自分の思いを言葉やカード、動作等で相手に伝える	集団の中で自分の思いや意見を適切に表現する	必要な情報を伝えたり、自分の思いや意見を適切に伝えたりする
	場に応じた行動			相手や場面、状況を考えて、あいさつをしたり、行動したりする	相手や場面、状況に応じた適切な言動をする
	人とのかかわり／他者理解	教師や友達に関心をもち、特定の教師や友達とかかわる	友達を意識し、仲良く活動する	友達と話し合ったり、一緒に活動したりすることで、友達の良さに気付く	相手のことを理解し、互いに気持ちよく生活していくことの大切さを知って、適切にかかわる
	集団参加／協力・共同	教師や友達とかかわりながら一緒に活動をする	教師や友達に関心をもち、教師や友達に合わせながら活動する	集団を意識し、協力して活動に取り組む	立場を理解し、チームとして協力・共同して活動に取り組む
自分を知る力	自己の役割理解	活動の中で自分のするべきことがわかる	活動や学校生活の中で自分のするべきことを見つけ、取り組む	学校生活や家庭生活においての自分のするべきことを見つけ、取り組む	社会生活における自分の役割を理解し、実行する
	主体性	いろいろな活動に興味・関心をもつ	いろいろな活動に興味・関心をもち、意欲的に取り組む	活動に対して興味・関心をもち、自ら選択し、意欲的に取り組む	活動の意義が分かり、活動内容に見通しやめあてをもって意欲的に取り組む
		好きな遊びや活動を思いきり楽しむ	活動内容に見通しをもち、最後まで取り組む	活動内容を理解し、見通しやめあてをもって最後まで取り組む	
	自己理解	自分の好きなもの、好きなことが分かる	教師や友達とかかわり、一緒に活動する中で自分の良いところや、得意なことが分かる	自分の長所や短所に気付く	自己の適性や課題を知る
課題に向かう力	情報の収集・活用	校外学習等を通して、いろいろな施設や環境に興味・関心をもつ	校外学習等を通して、いろいろな施設やその役割を知る	校外学習等を通して、いろいろな施設の役割を知り、活用する	校外学習等を通して、いろいろな施設の役割を知り、目的に応じて利用する
		教師の話や写真、ビデオ等を見て活動に興味・関心をもつ	教師の話や写真、ビデオ等を見て活動内容に見通しをもって取り組む	教師の話や写真、ビデオ等、さまざまな方法で情報を得て、活動の中で役立てる	いろいろな情報の中から必要な情報を取り出して活用する

能力	要素	小学部下学年	小学部上学年	中学部		高等部
課題に向かう力	情報の収集・活用	本や図鑑、テレビやビデオを見て、新しい知識や情報、言葉に関心をもつ	本や図鑑、テレビやビデオを見て、新しい知識や情報、言葉を知る	情報を得るためには、本やインターネット等さまざまな方法があることがわかる		自分が必要とする情報を得るために、パソコンや資料等、さまざまな方法で活用する
				情報モラルについて知る		情報モラルについて正しい知識を身に付け、使用する
	目標設定	自分のやりたいことを決めて取り組む	自分で決めたことを最後までやり遂げる	自分で決めた目標に向けて、達成するまでの見通しをもって取り組む		将来の進路に基づいて学習の目標を設定し、目標の達成に向けて取り組む
						働く上での自分の課題を見つけ、その課題の克服に向けて意欲的に取り組む
	振り返り	教師の称賛で、頑張ったことに気付く	活動後に頑張ったことや楽しかったことを振り返る	肯定的な自己評価	頑張ったことや楽しかったことを振り返り、自己を評価するとともに次への期待感をもつ	頑張った点、良かった点について振り返り、客観的肯定的に自己を評価するとともに、次の活動に生かす
将来を考える力	役割の理解と分担	自分の役割が分かり、支援を受けながら役割を果たす	自分の役割が分かり、友達の活動を意識しながら自分の役割を主体的に果たす	役割の理解と実行	学校生活や家庭生活の中での自分の役割を理解し、継続的に実行する	学校生活や家庭生活、社会生活の中での自分の役割を理解し、継続的に実行する
				働くことの意義	見学や体験等を通して、さまざまな職業があることを知り、働くことに興味・関心をもつ	働くことについて理解を深め、実際の体験を通して、働くために必要な力や態度を身に付ける
					働くために必要な、姿勢や態度について知る	
	社会のきまり	買う物が分かり、教師と一緒に簡単な買い物をする	買い物の仕方が分かり、一人でまたは支援を受けて簡単な買い物をする	金銭の大切さが分かり、使い方の基本が分かる	法や制度の理解	金銭の価値が分かり、必要な買い物をする
						お金の管理の仕方を知り、計画的な使い方を知る
		身近な公共施設でのマナーを知り、教師と一緒に利用する	公共施設や公共交通機関の利用の仕方やマナーを学習し、一人または支援を受けて利用する	公共施設や公共交通機関の働きや利用する際のマナーを学習し、それらを利用する		公共施設や公共交通機関の働きについて理解を深め、適切に利用する
						卒業後に相談できる機関や施設について知る
	生きがい・やりがい	自分の好きな本を眺めたり、教師の読み聞かせを聞いたりして読書に親しむ	落ち着いて自分の好きな本を読むことを楽しむ	余暇活動を有効に過ごすための方法を知る		将来設計に基づいた余暇の過ごし方について理解し、生活に生かす
		育てた野菜が食べ物になることを知り、育てることを楽しむ	野菜の成長過程や調理等を通して農作業を楽しむ	簡単な野菜の育て方や調理の仕方を知る		簡単な野菜の育て方や調理の仕方等を知り、生活に生かす
		思う存分活動に取り組む	思う存分活動に取り組み、物事をやり遂げようとする気持ちをもつ	好きな活動への意欲をさまざまな活動につなげる		充実感や達成感を味わうことにより、将来へのやりがいにつなげる
	夢や希望	進級や卒業が分かる		卒業後の進路について知り、自分なりの思いをもつ		進路の話を聞き、自分の将来について考え、進路計画をする
		身近な働く人に関心をもつ		身近な職業や働く人に関心をもち、将来の夢やあこがれの職業をもつ		職業生活を思い描きながら、夢や希望をもち、新しい生活へ希望をもつ

能力	要素	小学部下学年	小学部上学年	中学部	高等部
将来を考える力	習慣形成	活動の準備片付け等をする	活動の準備片付け等を進んでする	学校や家庭で必要な、衣食住に関する基礎的な知識や技能を身に付ける	学校や家庭で必要な、衣食住に関する知識と技能を身に付け、実際の生活に生かす
		身近な道具の使い方を知る	安全に気を付け、身近な道具の正しい使い方を知る	安全や衛生に気を付け、道具を正しく使用する	安全や衛生に気を付け、道具を適切に使用する
		調理活動に興味・関心をもち、取り組む	簡単な調理の仕方を知り、取り組む	栄養バランスのとれた食事について知り、生活に生かす	栄養バランスのとれた食事について考えるとともに自分の食生活を見直し、生活に生かす
	選択	好きな遊びや活動を選択し、楽しく取り組む	好きな遊びや活動を選択し、進んで取り組む	自ら考え、よりよい選択をしようとする	自分の意思と責任で主体的に選択する

生活単元学習（重複障がい[知的障がいと肢体不自由・病弱を併せ有する児童生徒]）

能力	要素	小学部下学年	小学部上学年	中学部	高等部
人とかかわる力	意思表現	身近な教師に「楽しい」「嬉しい」等の気持ちを表情や声、身体の動き等で表現する	身近な教師や友達に「楽しい」「嬉しい」「やりたい」等の気持ちを表情や声、身体の動き等で表現する	教師や友達に自分なりの表出方法で思いや気持ちを伝える	身近な大人や周りの友達に自分なりの表出方法で思いや気持ちを伝える
	人とのかかわり	学級の教師や友達に関心をもち、やりとりを楽しむ	学級や学年の教師や友達に関心をもち、やりとりを楽しむ	学年や学部の教師や友達に関心をもち、やりとりを楽しむ	いろいろな人とのやりとりを楽しむ
	集団参加	学級の教師や友達を意識し、一緒に活動することを楽しむ	学級や学年の教師や友達を意識し、一緒に活動することを楽しむ	学年や学部の教師や友達を意識し、一緒に活動することを楽しむ	さまざまな活動に参加し、いろいろな人とかかわりながら一緒に活動することを楽しむ
		担任を支えに学部の活動や交流会に参加する	教師を支えに学部の活動や交流会に落ち着いて参加する	身近な人を支えに、さまざまな集団の活動に参加する	
自分を知る力	主体性	さまざまな活動に興味・関心をもつ	さまざまな活動への興味・関心を広げる	さまざまな活動に期待感や見通しをもち、自ら向かおうとする	さまざまな活動に期待感や見通しをもち、自ら参加する
		さまざまな感覚を使い、身体を大きく動かしてダイナミックな遊びを楽しむ			
	自己理解	さまざまな素材に触れたり、活動を経験したりして、ものや活動に興味・関心をもつ	さまざまな素材に触れたり、活動を経験したりして、好きなものや好きなことを見付ける	さまざまな素材に触れたり、活動を経験したりすることで、興味・関心を広げる	
課題に向かう力	情報の収集・活用	水の感触や冷たさに慣れ、水の中で身体運動をしたり、身体をリラックスさせたりする		自ら水に触れ、全身で水の感触を味わう水に身体が浮く感覚を楽しんだり、自ら身体を動かしたりする	
		光や音、におい、感触等のさまざまな刺激を感じ、興味・関心をもつ	光や音、におい、感触等のさまざまな刺激を感じ、興味・関心を広げる	光や音、におい、感触等のさまざまな刺激を感じ、違いを楽しむ	
		教師の話を聞いたり、写真やビデオ等を見たりして、行事や活動に興味をもつ	教師の話を聞いたり、写真やビデオ等を見たりして、行事や活動内容を知り、楽しみにする	教師の話を聞いたり、写真やビデオ等を見たりして、行事や活動内容を知り、期待感をもって取り組む	教師の話を聞いたり、写真やビデオ等を見たりして、行事や活動内容を知り、見通しをもって取り組む
	目標設定	教師と一緒にやりたいことを決めて取り組む	教師と一緒にやりたいことを決めて、自ら取り組もうとする	目標に向けて、見通しをもって取り組む	

能力	要素	小学部下学年	小学部上学年	中学部	高等部
課題に向かう力	振り返り	教師の称賛で頑張ったことや楽しかったことを振り返る	教師と一緒に、頑張ったことや楽しかったことを振り返る	肯定的な自己評価 活動を振り返り、頑張ったことを発表する	
将来を考える力	役割の理解と分担	活動を通して自分の役割を意識し、教師の支援を受けながら取り組む	活動を通して自分の役割が分かり、教師の支援を受けながら取り組む	活動を通して自分の役割が分かり、自ら取り組もうとする	活動を通して自分の役割が分かり、見通しをもって取り組もうとする
	社会のきまり	教師と一緒に簡単な買い物をする		支援を受けて簡単な買い物をする	
		教師と一緒に身近な公共施設を利用する	教師と一緒に公共施設や公共交通機関を利用する	公共施設や公共交通機関を利用し、利用の仕方やマナー等を知る	
	生きがい・やりがい	自分の好きな本を見たり、教師の読み聞かせを聞いたりして楽しむ	自分の好きな本を選んだり、教師の読み聞かせを聞いたりして楽しむ	教師の読む本に興味・関心をもち、好きな本を増やす	
		野菜等を育て、収穫する経験をする	収穫を楽しみにして野菜等の世話をする 育てた野菜を調理し、収穫の喜びを感じる		
		さまざまな遊びを経験する	さまざまな遊びを経験し、好きな遊びを見つける	さまざまな遊びを経験し、好きな遊びを増やす	
	夢や希望				卒業後の生活について、教師や家族と一緒に考える
	習慣形成	身近な道具を扱うことに興味・関心をもち、教師と一緒に使う		身近な道具の使い方を知り、教師と一緒に使う	
	選択	好きな遊びや活動を選択し、楽しく取り組む		好きな遊びや活動を選択し、進んで取り組む	

国語（知的障がい）

能力	要素	小学部下学年	小学部上学年	中学部	高等部
人とかかわる力	意思表現	絵本やテレビ等に出てくる絵や言葉に興味をもち発声したり、動作で表現したりする	自分の気持ちが相手に伝わっていることを知る	自分の気持ちを表現して、伝え合う楽しさを知る	言語活動において、自分が感じたことや思ったことを分かりやすく伝える
		簡単な言葉や絵カード、ハンドサイン等で気持ちを伝える	体験したことや日常の出来事に関する自分の気持ちを簡単な言葉で伝える	経験したことや自分の思いを手順等を手がかりにしながら順序立てて伝える	出来事や体験したことに感想や意見を添えて、相手に分かりやすいように書いたり伝えたりする
	あいさつ	身近な大人や友達とあいさつをする	同じ集団の相手とあいさつや簡単な受け答えをする	場に応じた行動 相手や場に応じた話し方や、適切な受け答えを知り理解する	相手や場に応じたあいさつや報告の仕方、言葉遣いを知り、理解する 電話の受け答えの方法を知る
	人とのかかわり	相手の話に耳を傾ける	相手の自己紹介を聞き、話の内容が分かる	他者理解 友達のよいところを知ったり認めたりして、相手を意識して話す	相手との信頼関係をつくるための言葉のやりとりの仕方を知る
	集団参加	簡単な指示や説明を聞き、教師と一緒に行動する	簡単な説明や指示を聞き、自分で行動する	協力共同 集団の中で、自分の思いや意見を適切に表現することを知る	集団の中で自分の思いや意見を適切に表現する
自分を知る力	主体性	文字や言葉に興味をもち、教師と一緒に読んだり書いたりする	文字や言葉に関心をもち、書いたり読んだりすることに親しむ	さまざまな語句や文字に関心をもち、身近な言葉や漢字を書く	自分のよさや得意なことを生かしながら、意欲的に文字や言葉で表現する

能力	要素		小学部下学年	小学部上学年	中学部		高等部	
課題に向かう力	情報の収集・活用		写真や具体物、絵カードを見て、名称が分かる	日常生活の単語や簡単な語句を読み、その内容や意味が分かる	話の内容に関する簡単な質問に言葉や指差し等で答え、大まかな内容が分かる		話し手の意図や要点を聞き取り、メモする	
			教師や友達等の話し言葉に慣れ、簡単な説明や意味が分かる				要点をまとめて自分の伝えたいことを文にする	
							さまざまな方法で情報を得られることを理解し、適切に活用する	
							掲載したい内容を調べ、記事を見やすくまとめて発表する	
	振り返り		学習を振り返り、頑張ったことや楽しかったことを教師と一緒に確認する	やったことを振り返り、頑張ったことや楽しかったことを、言葉や文字で表現する	肯定的な自己評価	家庭や学校生活で経験したことを振り返り、やってみて良かったことや頑張ったこと等を簡単な文で表現する	これまでの学習や活動を振り返り、頑張ったことや今後の目標を作文に書き、発表する	
将来を考える力	生きがい・やりがい	社会のきまり	身の周りのよいことと、よくないことの意味を知る	表示や標識が大まかに分かる	話を聞いて、簡単なきまりを理解する		法や制度の理解	文字や話からきまりをほぼ理解する
								電話のかけ方や受け方を知る
		(図書)	絵本等の話に興味や関心をもつ	絵本等に興味をもち、注視したり耳を傾けたりする	自分で本を読んで楽しむ		いろいろな種類の本を読もうとしたり、読書をして、余暇を過ごすことを楽しんだりする	
		(言語文化)	手遊び歌等で言葉に興味をもつ	言葉に関する遊びやゲーム等のやりとりを楽しむ	言葉に関する遊びやゲーム等でのやりとりを通して、語彙を増やす		ことわざ、俳句、百人一首等の伝統的な言語文化に触れ、言い回しや、慣用句等言葉のさまざまな表現に親しむ	
					詩や短歌、俳句等に触れ、音のリズムを楽しんだり、気に入った表現を見つけたりする		伝統的な言語文化を表現したり鑑賞したりする力を身に付ける	
		日本の習慣	日本の文化、慣習について知る	日本の文化、慣習に興味をもつ	日本の文化、慣習を体験し、楽しむ		日本の文化、慣習に親しみ、余暇を過ごす	
	習慣形成	(書く)	さまざまな筆記用具に親しむ	文字を書くことに興味をもつ	字の大きさや形に気を付けて書く		相手に分かりやすく、読みやすい字を書く	
			筆記用具を正しく持ち、正しい姿勢で書く	読んだり、書き順を意識して書いたりする				
			簡単な図形や文字等のなぞり書きをしたり、視写したりする	身近な物や身近な言葉を平仮名で書く	適切な表現を選んで書く		お礼状や年賀状等の手紙の書き方を理解し、丁寧に書く	
					簡単な文を書く		出来事と感想を書き分け、より伝わりやすい文章の書き方を知る	
			平仮名(五十音)を書く	濁音や半濁音、拗音を含んだ平仮名を書く	生活に関わりのある身近な文字を書く		日常生活で使われる言葉を漢字を使って書く	
		(話す)	要求や思いを伝える手段(簡単な言葉や絵カード、ハンドサイン等)を覚える	話を聞いたり、自分から意見を述べたりする	相手に分かりやすいように、声の大きさや話す速度、発音等に気を付けて話す		相手に分かりやすいように、書いたり話したりする技能を身に付ける	
		(読む)	平仮名(五十音)を読む	平仮名や片仮名の濁音、半濁音等が含まれる単語を正しく読む	読点「、」や句点「。」に注意し、簡単な文を読む		語句の塊や段落を意識して文章を読む	
			身の回りの物の名称が分かる	平仮名や片仮名で表記されている身近な物の名称や簡単な文を読む	簡単な文を読んで、話の内容が大まかに分かる		本の内容を大まかに理解し、読書を楽しむ	

算数・数学（知的障がい）

能力	要素	小学部下学年	小学部上学年	中学部	高等部
人とかかわる力	人とのかかわり	教師や友達とのやりとりを楽しみながら活動に取り組む	教師の指示を聞き、きまりに従って活動に取り組む		
自分を知る力	主体性	身近な具体物に興味・関心をもつ	教材や課題に興味・関心をもつ	課題に関して主体的に学習活動を繰り広げる	課題に関して、その意味を自分なりに考え、積極的に取り組む
課題に向かう力	（数量関係）	具体物を数えたり、配ったりする	足し算やひき算を学ぶ	四則計算を用いて、日常生活で必要な数量の処理や計算をする	計算力の向上を図る
				計算機を使って計算をする	生活に必要な計算方法を理解し、使う
	情報の収集・活用（比較）		基本的な図形が分かり、図形を描いたり、簡単な図表を作ったりする	図形の特徴や図表の内容が分かり、作成する	さまざまな図形や立体の特徴を理解し、作図する　目的に応じて資料を整理し、表やグラフを作る
			身近にあるものの長さやかさ、重さや広さ等が分かり、比較する	長さや重さ等の比較や測定をする	長さや重さ等の測定方法を理解し、適切に道具を使って学校生活の中で活用する
	振り返り	自分の学習したことが分かる	活動後に、自分がやりとげたことや分かったことを振り返る	振り返りを基に、次の活動に生かそうとする	肯定的に自己評価し、次の活動に生かす
将来を考える力	（カレンダー） 社会のきまり	一週間の仕組みを知る	一カ月の仕組みを知る	一年間の仕組みが分かる	日常生活でカレンダーを活用し、スケジュールを把握する
	（時計）	時間に興味・関心をもつ	時刻の読み方を知る	時間と時刻について理解する	生活の中で時間を有効に活用することについて考える
	（お金）金銭の扱い	金銭の取り扱いに慣れる	初歩的な数の概念を理解し、金銭の取り扱いに慣れる	金銭の取り扱い方を理解する　金銭を取り扱う経験を積む	値段を見て、予算に応じた買い物をする
	（色形） 習慣形成	身近にあるものの色や形の違いが分かる	色や形の名称が分かる	基本的な図形を理解する	図形の特徴を理解する
	（数）	身近にあるものの数を数える	初歩的な数の概念を理解し、簡単な計算をする	（数量）日常における初歩的な数量の計算をする	（数量グラフ測量）目的に合わせて数量の処理や計算をする
	（大小長短等）	大小、長短等に関心をもつ	身近なものの大小、長短、多少が分かる	身近な物の重さ、広さ、容積が分かる	概数を理解する　身近な物の単位が分かる
	選択	2つの選択肢の中から選ぶ	いくつかの選択肢の中から選ぶ	いくつかの選択肢の中から自分の興味・関心に基づいて選ぶ	いくつかの選択肢の中から経験を基に選ぶ

音楽（知的障がい）

能力	要素	小学部下学年	小学部上学年	中学部		高等部	
人とかかわる力	意思表現	音楽を聴いてのびのびと身体を動かす	音楽を聴いて楽しく身体を動かす	音楽に合わせて声を出したり、身体を動かしたりする		曲のリズムに合わせてのびのびと表現する	
				場に応じた行動	歌詞やリズム等に気を付けて斉唱や合唱等をする	歌詞の内容や曲想等を感じとり、斉唱や合唱等をする	
	人とのかかわり	教師や友達と一緒に好きな歌の一部分を楽しく歌ったり、身体を動かしたりする	教師や友達と一緒に歌ったり楽器を鳴らしたりする	他者理解	教師や友達の歌や伴奏に合わせて歌い、友達の良さに気付く	友達の良さを認めながら、合唱したり、演奏したりする	
	集団参加	音楽に合わせて集団の中で活動する	音楽に合わせて集団の中で進んで活動する	協力・共同	集団の中で友達と協力して音楽活動をする	集団の中で友達と協力して目標を達成する	
自分を知る力	自分の役割理解	自分の役割（楽器、ダンス等）があることを知る	自分の役割を理解し取り組む	自分の役割を理解し、継続的に取り組む		自分の役割を理解し、自信をもって取り組む	
	主体性	音楽に興味・関心をもつ	音楽に興味・関心をもって楽しむ	音楽に興味・関心をもち、積極的に取り組む		音楽の活動内容を理解し積極的に取り組む	
	健康・体力	音楽を聴きながら身体の部位を動かす	音楽を聴きながら、身体の部位を意識して動かす	音楽に合わせて身体の部位を意識して動かす		曲や拍子の特徴を生かしながら身体を動かす	
課題に向かう力	情報の収集・活用	行事や季節に合わせた身近な音楽に触れる	行事や季節に合わせた音楽を楽しむ	行事や季節に合わせた音楽を知り、歌ったり演奏したりする		歌詞のもつ意味を理解し、発声に気をつけながら歌う	
						行事や季節に合わせた音楽を調べ、歌ったり演奏したりする	
	目標設定			音楽をよりよいものにするために最後まで取り組む		音楽をよりよいものにするために創意工夫をして最後まで取り組む	
				発声に気を付けて歌う			
	振り返り	教師の話を聞いて、活動を思い出す	教師の話を聞いて活動を振り返り、楽しかったことを発表する	肯定的な自己評価	振り返りをもとに、次の活動に生かそうとする	振り返りをもとに自分（達）の良さを知り、よりよいものにしていく気持ちをもつ	
将来を考える力	理解と分担	自分の分担箇所を歌ったり、楽器を演奏したりする	自分の分担箇所が分かり、歌ったり、楽器の演奏をしたりする	理解と役割の実行	友達とのパートの違いが分かり、歌ったり、演奏したりする	自分のパートの役割（メロディ、ベース等）を理解し、演奏する	
	社会のきまり	音楽を楽しんで聴く	演奏を静かに聴く	演奏を聴くマナーを知る		法や制度の理解	鑑賞の態度を身に付ける
		楽器を片付ける	楽器を大切に扱う	正しい楽器の扱い方を知る			正しく楽器を扱い、収納方法を知る
	生きがい・やりがい	好きな歌を見付ける	好きな歌を歌ったり、聴いたりする	さまざまなジャンルの曲に触れる		自由に音楽を楽しむ	
	習慣形成	楽器を振る、たたく等をして音を出す	自分の好きな楽器で簡単な演奏をする	強弱やアクセントを意識しながら楽器を演奏する		さまざまな打楽器や旋律楽器に親しみ、奏法に慣れる	

図画工作・美術（知的障がい）

能力	要素	小学部下学年	小学部上学年	中学部	高等部
人とかかわる力	意思表現	さまざまな素材を使って感触や変化を楽しむ	いろいろな素材を組み合わせて作品をつくる	自分なりに工夫して、自分の気持ちを作品に表現する	学校生活の思い出や将来の夢を形にして表現する
					学習してきた技法を応用してテーマに沿ったデザインを考え、自分なりに細部や形にこだわった表現をする
	人とのかかわり	友達と同じ場で、さまざまな素材の感触や変化を楽しむ	友達から刺激を受けながらさまざまな素材の感触や変化を楽しむ	他者理解：友達等の作品を見ることで、いろいろな作品の良さに気付く	仲間の作品の良さに気付き、相手にその良さを伝える
	集団参加	教師と一緒に作品をつくる	教師や友達を意識し、教師や友達に働きかけながら一緒に作品をつくる	協力・共同：クラスや学年の友達と最後まで協力して作る	テーマに沿って仲間と一緒にデザインを考え、協力して作り上げる
自分を知る力	主体性	さまざまな素材に興味・関心をもつ	さまざまな素材に興味・関心をもち、意欲的に取り組む	題材に興味をもち、自分から表現しようとする	課題からよりよい表現方法を考え、意欲的に取り組む
	自己理解	自分の好きな素材や色を使う	自分らしさを発揮し、のびのびと表現する	自分の作品の良さに気付く	こんなふうに表現したいというイメージをもつ
					自分の表現の良さや課題に気付く
課題に向かう力	情報の収集・活用	絵の具やペン、クレヨンを使い、塗ったり描いたりする	絵の具やペン、クレヨンを使い、実物や見本を見ながら塗ったり描いたりする	いろいろな画材に親しみ、技法を知る	身に付けたさまざまな表現技法を使って作品をつくる
		枠や色を意識してなぞったり、塗ったりする			
	目標設定	教師と一緒に設定された題材をやり遂げる	設定された題材をやり遂げる	自分で目標を設定し、最後までやり遂げる	自分の願いをもちながら、目標を設定し、やり遂げる
	振り返り	教師の称賛で、頑張ったことに気付く	自分の作品を見て、頑張ったことや楽しかったことを発表する	自分の作品を振り返り、良さに気付く	自分の作品を振り返り、良さに気付き、次の作品に生かす
将来を考える力	役割の理解と分担	活動の準備を手伝う	自分の役割分担が分かり、作品をつくる	自分の役割分担が分かり、満足のいく作品をつくる	公平に役割分担ができ、願いが表現できるような作品をつくる
	生きがい・やりがい	素材の感触を味わったり、形を変えたりして楽しむ	好きな色や素材、材料を使って、作品づくりを楽しむ	作品を鑑賞したり作ったりすることを通して、表現の楽しさを知る	やり遂げたという気持ちをもち、自分なりの充実感や満足感を得る
	習慣形成	いろいろな用具の扱いに慣れる	いろいろな用具の使い方が分かり、大切に扱う	用具の使い方や材料の扱い方が分かり、安全に使用する	
	選択	さまざまな素材や道具に触れ、関心をもつ	好きな色や素材、材料を選択する	自分の作りたい物をイメージして、色や素材を選択する	さまざまな画材や表現技法の中から、自分に適したものを選択する

体育・保健体育（知的障がい）

*二重枠は保健体育の内容

能力	要素	小学部下学年	小学部上学年	中学部	高等部
人とかかわる力	意思表現	音楽に合わせて体を動かしたり、はねたり、飛んだりする	音楽に合わせて簡単なリズム遊びをしたり、簡単な振り付けをしたダンスをする	音楽に合わせて自由に身体表現したり、簡単なダンスをしたりする	
	あいさつ	友達や教師と一緒にあいさつをする		【場に応じた行動】姿勢保持、集合、整列、あいさつ等、基本的な集団行動の仕方が分かる	指示に従って、姿勢保持、集合や整列、あいさつ等の基本的な集団行動の仕方を身に付ける
				安全に運動する態度を身に付ける	安全を意識しながら活動に取り組む
	人とのかかわり	教師や友達と一緒に一定時間を歩いたり、走ったりする	友達と一緒に歩いたり、列になって並んで歩いたりする	【他者理解】友達の動きを見て、一緒に活動する	集団の中でお互いに認め合う
				人と人との適切なかかわり方を知る	自分を取り巻く人間関係と、その人達とのかかわり方を知る
				男女のかかわり方について考える	他者や異性との適切なかかわり方について知る
	集団参加	教師と一緒に活動に取り組む	友達と一緒に活動に取り組む	【協力・共同】ルールを理解し仲間と協力して練習や試合に取り組む	集団競技のルールを守って競争する中で、仲間と協力し運動を楽しむことができる
				集団活動の中で、友達と協力する楽しさや大切さに気付き、進んで実践する	集団で決まりを守り、それぞれの役割を意識して協力しながら活動に取り組む
自分を知る力	主体性	楽しく思い切り身体を動かす	自分から続けて運動に取り組む	授業（活動）内容を知り、進んで運動をする	自分たちで活動内容を計画して、進んで取り組む 競技種目を理解し、効率よく活動に取り組む
	基本的生活習慣	手洗い・衣類の着脱・歯磨き等の正しい方法を知る（日常生活）		日常生活に応じた身辺処理能力を高め、生活のリズムを整える	自分の身体を清潔にすることができる
				バランスの良い食事や適度な運動が健康な体を作る元となっていることを理解する	健康について理解し自らの生活に生かすことができる
				歯磨きを継続することが、虫歯予防につながることを知る	正しい生活の仕方を理解し、自分の生活を見直し、改善する方法を考える
	健康・体力	一定時間歩き続ける体力をつける	一定時間歩いたり、走ったりして体力の保持増進を図る		持久力を養う運動を行う等、体力の保持増進を図る
		自分の体力や運動能力に関心をもつ		自分の体力や運動能力を知る	今後の活動における目標づくりに役立てるため、自らの体力を理解する
	自己理解	自分の身体の部位等を意識する		自分の身体の成長を受け入れる	自分の身体が大切なことを理解する 自分の心身の成長について知り心身の発達に関心をもつ
		着がえ、トイレ等を通して男女の違いを意識する		成長とともに、男女で違いが出てくることを知る	自分の身体や男女の性差について知る（特に2次性徴）
					心身を健康に保つ方法を知る

能力	要素	小学部下学年	小学部上学年	中学部	高等部
課題に向かう力	情報の収集・活用	教師の動きをまねて楽しむ	教師の動きを模倣し、身体を大きく動かす	手足の協応動作等、技術や感覚を高める	教師の指示を聞いて活動の内容を理解し、自ら取り組む
		絵カード等視覚的情報を理解して、活動に参加する	教師の手本や、ビデオ、絵カード等の視覚的情報とともに身体の動かし方の特徴が分かる	教師の手本や説明を見聞きし、活動を理解する	
	目標設定	教師が具体的な目標を設定し、運動に取り組む		教師と一緒に決めた目標に向けて、最後まで取り組む	自分の体力や運動能力を知り、自分で目標を立てる
	振り返り	教師と一緒にできたことを確認する		肯定的な自己評価: 教師やグループの仲間と自分のできたことを確認する	体力テスト等の昨年度の記録と比較して、現在の体力の状況を知る
					記録を意識し、向上を目指して運動する
					友達とお互いの記録について評価し合う
将来を考える力	社会のきまり	合図を聞いて立ったり座ったり、列をつくったりする	簡単なルールを守り、運動に取り組む	ルールを理解し、工夫して取り組む	法や制度の理解: 活動や競技のルールを知り、意識しながら自主的に動く
				共有で使う道具や場所のルールを知る	活動を通して社会におけるマナーについて知る
	習慣形成	手足を楽しく動かしたり、歩く、走る等の基本的な運動をしたりする	歩く、走る等の基本的な運動に慣れる	体づくり運動、いろいろなスポーツ、ダンス等の運動を通して、多様な動きを経験する	今までの基本的な運動領域をさらに広げ、スポーツ、ダンス等の適切な運動経験を積み重ねる
		いろいろな機械、器具、用具を使った遊びを楽しく行う	いろいろな機械、器具、用具を使った運動に親しむ	いろいろな機械、器具、用具を使ったいろいろな運動を行う	いろいろな機械、器具、用具を使って、体力や技能を高める
	生きがい・やりがい	身体を動かすことを楽しむ	好きな運動を増やす	「わかった」「できた」という体験の中で、楽しめる運動を知る	
			余暇で楽しめる運動を知る	余暇で取り組む運動において必要な知識を得る	

作業学習・職業（知的障がい）

能力	要素	作業学習 中学部	作業学習 高等部	要素	職業 高等部
人とかかわる力	意思表現	困ったことへの対応の仕方や質問の仕方を知る	場に応じた適切な質問や報告ができる	意思表現	悩みや問題を話せる相手を見つけ、自分の思いを相手に伝える
			困ったときに、仲間や教師に相談することができる		
	場に応じた行動	職場において他者と接する基本的な姿勢や態度を知る	日常生活において適切な言葉遣いと態度を身に付ける	場に応じた行動	場面に応じた適切な言葉遣い、声の大きさ、表情に注意したり、状況に応じた行動をしたりする
	他者理解	接客の方法や言葉づかいや態度を知る	販売場面でお客様に適切な対応ができる	他者理解	接客マナーやスキルを身に付ける
					職場で活用できるコミュニケーションスキルを高める
	協力・共同	仲間と共に時間いっぱい作業ができる	担当する工程を理解して仲間と協力して作業に取り組む	協力・共同	集団の中で自分の役割を理解し、協力して活動する

能力	要素	作業学習 中学部	作業学習 高等部	要素	職業 高等部
自分を知る力	自己の役割理解	自己の役割を理解する	自己の役割を果たす		
自分を知る力	主体性	与えられた作業に一生懸命取り組む	作業内容を理解し、自ら作業に取り組む	主体性	自ら考え、工夫して活動に取り組む
自分を知る力	健康・体力	一定時間集中して作業に取り組む	持続力や集中力を維持できる時間を長くする	健康・体力	職業生活に必要な健康管理ができる
自分を知る力	自己理解	作業内容に対する得意不得意を知る	自分に合った作業工程や方法を見つけることができる	自己理解	自分の能力や得意不得意を知り、適性にあった職業について考える
課題に向かう力	目標設定	一日の作業目標を考えて設定し、目標を意識して取り組む	個人目標を見直して自分で課題を設定し、改善する態度を身に付ける	情報の収集・活用	新聞やインターネット、携帯電話を活用して、仕事に関係する情報を調べる
課題に向かう力	肯定的な自己評価	自己の仕事の出来高や頑張りを認め、次の目標を考える	卒業後の進路に向けて、自己の適性や課題を知り、適切な自己評価をする	肯定的な自己評価	実習やビジネスマナー等で学んだことを振り返り、次への課題を考える
将来を考える力	理解の役割と実行	職場見学等を通じてさまざまな職種があることを知る	職場見学や現場実習等を通してさまざまな職業が社会の中で役割を果たしていることを知る		
将来を考える力	働くことの意義	職場見学等や作業学習を通して働くことに関心をもつ	卒業後、社会の一員として働く自覚をもつ	働くことの意義	卒業後は社会の一員として働くという自覚をもつ
将来を考える力				法や制度の理解	卒業後、利用する可能性のある福祉制度について知る
将来を考える力	生きがい・やりがい	製品が出来上がったり売れたりした時の喜びや達成感を味わう	お客様に喜ばれる製品を考えながら作り、精度の高い製品作りについて考える	生きがい・やりがい	余暇の有効な過ごし方について考える
将来を考える力					趣味の充実や自分の目標達成等のワークバランスの意識をもつ
将来を考える力	夢や希望	興味のある仕事内容や職業について考える	将来就きたい職業について理解を深め、夢や希望、期待をもつことができる	夢や希望	職業生活の中で、将来の目標やより充実した生活について考える
将来を考える力	習慣形成	安全や衛生に留意した作業方法を知る	道具や機械、材料の扱い方等が分かり、安全や衛生に気をつけながら作業する	習慣形成	仕事内容や時間等からスケジュールを考え、実行することができる
将来を考える力	習慣形成	あいさつや報告等、働くために必要な基本的態度を知る	あいさつや報告等、働くために必要な基本的態度を身に付ける		
将来を考える力	習慣形成	正しい身だしなみが分かり、教師と一緒に確認したり、意識したりする	自分で身だしなみを整える	習慣形成	電話対応、名刺交換、緊急時の連絡方法等、働くためのマナーを身に付ける
将来を考える力	選択	職場等見学を通して、興味・関心のある作業を選択する	実習の経験を生かし、卒業後の進路選択に向けての方向性を固める	選択	実習等の経験から、自分の進路について考え、選択できる

自立活動（知的障がい）

能力	要素	小学部下学年	小学部上学年	中学部	高等部
人とかかわる力	意思表現	自分の気持ちを自分なりの方法で伝える		自分の気持ちや要望を自分なりの方法で伝える	自分の気持ちや意思を相手に説明する
		身の回りにある物や出来事に対する興味・関心を広げる	カードや言葉、視線、身振りで自分の要求を伝える	集団の中で、自分の思いや意見を適切に表現する	必要な情報や自分の思い、意見等を適切に伝える
	あいさつ	場に応じたあいさつの仕方を知る	自分からあいさつをする	【場に応じた行動】相手に応じたあいさつや振る舞いをする	相手の立場や場の状況を理解して、あいさつしたり振る舞ったりする
	人とのかかわり	身近な大人からの働きかけを受け入れる	教師や友達とかかわりながら活動する	【他者理解】他学年の友達や教師ともかかわりながら活動する	学校内外の人とかかわりながら活動する
		教師や友達と一緒に活動することを楽しむ	自分の思いを伝えながら友達と一緒に活動する	相手の気持ちを考えて行動する	自分と異なる意見を聞き入れる
	集団参加	集団活動に落ち着いて参加する	教師や友達とかかわりながら集団活動する	【協力・共同】集団の中で、友達と協力する楽しさや大切さに気付き、進んで実践する	仲間と協力して活動をやり遂げる
自分を知る力	自己の役割理解	自分の係が分かる	自分の係活動に進んで取り組む	学校や家庭での役割に、継続して取り組む	集団の中での役割を理解し、実行する
	健康・体力	楽しく身体を動かす	継続的に運動し、体力の向上をはかる		体力の維持、向上をめざし、健康を自己管理する
	自己理解	自分の好きなものや活動を知る	自分の良いところ、得意なところを知る	「分かった」「できた」という体験の中で、自己有用感を得る	実際の体験を通して、自分の得意なことや適性を知る
課題に向かう力	情報の収集・活用	周りの変化に気付く	周りの状況に興味をもつ	周りの状況を受け入れる	周りの状況に自分なりに対応する
	目標設定	教師と一緒に最後まで取り組む	課題の終わりが分かり、最後まで取り組む	ゴールや目標を意識して活動する	自分で立てた目標に取り組む
将来を考える力	社会のきまり	簡単なルールのあるゲームに参加する	簡単なルールのあるゲームを通して、順番を守ったりルールを守ったりする	生活のさまざまなルールを知り、それらを守ろうとする	【法や制度の理解】社会生活にいろいろなきまりがあることを知り、それらを守る
	習慣形成	歩く、飛ぶ、走る等の基本的な運動動作を身に付ける		バランス感覚や身体の柔軟性を高める	
		目の前にいる教師の動きに興味をもつ	教師の見本を見て、同じように身体を動かす	身体の部位を意識して動かす	
		補助を受けながら身近な道具を使う	身近な道具を正しく使う	道具を正しく安全に使う	
		手指の巧緻性を高める（例：握る・つまむ・手首をかえす・まわす・ひねる・ちぎる・はがす）			

自立活動　（重複障がい［知的障がいと肢体不自由・病弱を併せ有する児童生徒］）

能力	要素	小学部下学年	小学部上学年	中学部	高等部
人とかかわる力	意思表現	見たり聞いたり感じたりしたことを表情や身体を動かして表現する	見たり聞いたり感じたりしたことを表情や身体の動き、言葉等で表現する	身近な大人に自分なりの表出方法で思いや気持ちを伝える	身近な大人や周りの仲間に、自分なりの表出方法で思いや気持ちを伝える
人とかかわる力	人とのかかわり	教師からの働きかけに、言葉や表情、動き等で応えて、やりとりを楽しむ	教師や友達からの働きかけに、言葉や表情、動き等で応えて、やりとりを楽しむ	(他者理解) さまざまな人からの働きかけに言葉や表情、動き等で応えて、やりとりを楽しむ	活動に対する気持ちを教師や仲間と共感しかかわりをもつ
人とかかわる力	人とのかかわり	教師と安心して一緒に活動する	友達の活動に興味をもち、一緒に活動を楽しむ	仲間の活動の様子を見ながら、自分の順番を意識して待つ	
自分を知る力	主体性	教師とかかわったり、ものを操作したりして、人やものに興味・関心をもつ	教師と一緒にものを操作したり、身体を動かしたりして、人やものへの興味・関心を広げる	人やものへの興味・関心を広げ、自ら活動に参加する	人やものへの興味・関心を広げ、自分なりに考えながら積極的に取り組む
自分を知る力	健康・体力・自己理解	教師に身体を触れられることを受け入れる	教師からの誘導する動きを受け入れ、一緒に活動に取り組もうとする	教師の誘導する動きを受け入れ、適切な姿勢や動作を覚える	
自分を知る力	健康・体力・自己理解	心身のリラックスができる	適度な筋緊張で適切な動作を覚える	適度な筋緊張で適切な姿勢や動作をする	適度な筋緊張で身体を動かしたり、ものを操作したりする
自分を知る力	健康・体力・自己理解	いろいろな姿勢や動作を体験する	適切な姿勢や動作を覚える		
自分を知る力	健康・体力・自己理解	ものを並べたり、入れたりつなげたりする操作を体験する	ものを並べたり、入れたりつなげたりする操作を覚える	ものを並べたり、入れたりつなげたりする操作を繰り返し行う	ものを並べたり、入れたりつなげたりする操作を正確に行う
課題に向かう力	情報の収集・活用	音や感覚等のさまざまな刺激を感じ、興味・関心をもつ	音や感覚等のさまざまな刺激を感じ、興味・関心を広げる	音や感触等のさまざまな刺激を感じ、違いが分かる	
将来を考える力	生きがい・やりがい	歌やリズムを楽しむ	好きな音や音色に関心を示し、楽器を操作して音を出すことを楽しむ	楽器を使って音を出すことを楽しんだり、曲を演奏することを楽しむ	教師や仲間の称賛や励ましの言葉を聞き、自らやってみようとする
将来を考える力	生きがい・やりがい	教師の読む絵本等を見たり聞いたりして、おはなしの雰囲気を味わう	教師の読む絵本等を見たり聞いたりして、おはなしの雰囲気を楽しむ	教師の読む絵本を見たり、聞いたりして、おはなしの内容を楽しむ	
将来を考える力	生きがい・やりがい	いろいろな素材に触れて、感触を味わう	いろいろな素材に触れて、感触を味わったり、形を変えたりして楽しむ	いろいろなものを操作しながら、色や形を変えて作品づくりを楽しむ	
将来を考える力	生きがい・やりがい	カードや文字、言葉、コミュニケーション機器に対する理解を深め、コミュニケーションを楽しむ	身に付けたコミュニケーション能力を使おうとする	身につけたコミュニケーション能力を使って、身近な人に気持ちを伝える	身につけたコミュニケーション能力を使って、いろいろな人に気持ちを伝える
将来を考える力	生きがい・やりがい	自分の好きな活動を見つける		自分の楽しめることで余暇等の時間を過ごす	

あとがき

　岐阜県立東濃特別支援学校では平成19年度より各教員が授業づくりの中で創作した手作りの優秀な教材を、全教員の投票で選出する「アイデア教材大賞」を企画実施しています。また、平成23年度からはこうしたすばらしい教材を日頃から周知したいという思いから、教材紹介通信「ちょキ☆ ちょっとした 工夫で キラリ」を年間で50通ほど全教員に配信し、年度末には教材資料集として冊子にまとめ学校全体の共有財産としてきました。

　今回、そうしたアイデア溢れる手作り教材の中から125点を収録させていただきました。また、平成26年度より新たな学校教育目標を具現化するため、「キャリア教育」の視点に立った教育活動を進めることを学校課題研究の中心に位置づけ、「子どもたちの夢や願いを実現する」ことを目指した授業展開や研究実践を行っています。

　「子どもたちの夢や願いを実現する」ためには、日頃より教員一人一人が専門性を高める努力をし、質の高い「授業づくり」を実践することが求められます。教員の手作りから生まれた教材が、「キャリア発達」や「キャリア学習」とも密接に関連していることをお示しできるよう、本書の中にオリジナルの「キャリア発達段階表」「キャリア学習プログラム」を掲載させていただきました。まだまだ試行的な内容でございますので、読者や関係者の皆様方にご指導いただきながら研究を深め、今後さらに完成度を高めたいと思います。

　子どもたちの「キャリア発達」は、生活年齢や理解の進捗に添った「内面的な成長過程」ととらえることができますが、同時に特別支援教育において最も大切にしている「子どもたち一人一人の特別な教育的ニーズ」と言い換えることができます。このことは「特別支援教育における専門性」の中の大きな部分を「キャリア教育」が占めていることに気づかせてくれます。

　私たちは、可能な限り子どもたちの「キャリア発達」を保障しながら「キャリア形成」を積み上げ、子どもたち自らがよりよい人生や社会を構築していくことができるよう今後とも研究実践を継続してまいりたいと思います。

　最後になりましたが、本書『簡単手作り教材BOOK』の発刊にあたり寄稿いただきました、文部科学省の丹野哲也先生をはじめ、国立特別支援教育総合研究所の明官茂先生、広島大学大学院の船橋篤彦先生、愛知淑徳大学の猶原秀明先生に心より感謝申し上げます。丹野先生、明官先生のお二人からは学校現場の教育実践の発刊を喜んでいただき心強い応援をいただきました。また、船橋先生、猶原先生のお二人には、学校課題研究のスーパーバイザーとして、3年間にわたり基礎的なところから教員一人一人の専門性向上のためご指導をいただき、「キャリア教育」の実践研究を育んでいただきました。4人の先生方の今後の益々のご活躍を祈念させていただき、お礼とさせていただきます。本当にありがとうございました。

東濃特別支援学校研究会　　原　武志

編著者

東濃特別支援学校研究会 （平成28年度研究員）
（とうのうとくべつしえんがっこうけんきゅうかい）

原　　　武志	伊藤　芳博		
山内久美子	大竹　陽平	今井　直弘	
久保　良昭	山内　淳子	中島　章宏	加藤　千佳
布藤　理恵	水野由紀子	丹羽　　将	堀内　　優
後藤　祐輔	渡邉　笑子	堀　　知子	安江　由衣
荻原佳保里	市川　文野	森川　優也	根生　結香
安宅　好江	村瀬　純子	鈴木　博文	三田　幸子
金指まゆみ	小板　沙衣	土本　啓裕	伊藤　大季
伊藤　聡哉	河瀬　育将	堀　喜久男	岡村ゆいな
長瀬久美子	須永　千尋	河原　春恵	井上　妙望
永岡　里子	林　　幸美	淺井　友希	森高　法子
片山　麻紀	石田　政代	三好　宗治	鈴木　悠史
村瀬　靖幸	保母　朋子	光野　有沙	島倉　奈月
山腰　知子	三島　眞人	水上　幸子	宮田　里美
大庭梨恵子	林　　利恵	佐藤　真保	丸山富美子
杉浦　有美	梅村　和由	中里　尚子	安田　　恵
田中　智樹	野村恵美子	関野山　猛	長谷川　賢
木尾有紀子	奥村あゆ美	小川　杏奈	伊藤　悠太
墨　　由真	角田　宏征	畔柳　秀俊	西川　幸伸
野路　絵梨	谷口　祐嗣	岩島　　渉	花田　耕司
石井　優衣	堀江　　俊	太田　慎平	加藤　美幸
富田　千尋	三浦　安美	児島　加奈	千田　佳子
鈴木　晴香	島崎　　陽	飯田　和久	堀部かおり
渡邉　順也	矢野　悠香	松原　香織	石原　　明
宇留野遥香	西村恵里那	稲垣　久絵	横田　佳代
松本　麻里	永冶　浩子	加納　稚史	安部　好晃
水野　浩洋	横山ますみ	河合　和代	小池　佑弥
長谷川直美	二郷　彩子	内木　敏樹	植松　勇斗
小島　佐織	栗田　裕子	真田　将義	
平松　澄江	北村　　悠	吉田　裕昭	
鈴木　和江	松野　実香	奥村　　優	

本書は平成28年度東濃特別支援学校研究会で執筆・編集したものです。

学 校 紹 介

　岐阜県立東濃特別支援学校は、昭和55年に知的障がいの養護学校として開校しました。岐阜県では「子どもかがやきプラン」（平成18年3月策定）により、知的障がい、肢体不自由、病弱等どのような障がいがあっても、小学部から高等部まで、地域で学ぶことができる特別支援学校の整備に取り組み、本校も平成28年度より、知的障がい、肢体不自由、病弱を対象とした総合的特別支援学校となりました。現在は東濃西部3市（多治見市、土岐市、瑞浪市）を校区として児童生徒が在籍しています。

　『子どもたちの命を守り、願いや夢を実現する教育を実践するとともに、将来の社会参加や生活自立を可能にする教育活動の開発と創造に努める』を学校教育目標に掲げ、教育活動を行っています。

沿 革
　昭和55年4月　知的障がいの県立養護学校として開校
　昭和59年4月　高等部普通科開部
　平成18年3月　岐阜県教育委員会　「子どもかがやきプラン」策定
　平成19年4月　学校教育法等及び県条例の一部改訂により「東濃特別支援学校」と校名を変更
　平成20年4月　東濃特別支援学校可茂分教室を可児市立南帷子小学校内に設置
　平成23年3月　可茂特別支援学校開設に伴い、可茂分教室を閉級
　平成28年4月　総合化に伴い、知的障がい部門に加え、肢体不自由部門と病弱部門を設置

学校教育目標　子どもたちの命を守り、願いや夢を実現する教育を実践するとともに、
　　　　　　　将来の社会参加や生活自立を可能にする教育活動の開発と創造に努める。

願う子どもの姿　【丈 夫 な 子】　自分の体や命を大切にする
　　　　　　　　【明 る い 子】　地域とつながり、明るくたくましく生活する
　　　　　　　　【努力する子】　できることを増やし、願いや夢を実現する

　岐阜県立東濃特別支援学校
　〒509-5101　岐阜県土岐市泉町河合根ノ上1127-10
　TEL：0572-55-4821　FAX：0572-55-4829　HP：http://school.gifu-net.ed.jp/tono-sns/

東濃特別支援学校オリジナルキャラクター「キラッピー」
Illustrator：加藤　功

特別支援教育 簡単手作り教材BOOK
ちょっとしたアイデアで子どもがキラリ☆

2016 年 11 月 30 日　初版発行
2022 年 1 月 31 日　第 10 刷発行

編著者　東濃特別支援学校研究会
制　作　東濃特別支援学校研究会
発行者　田島英二
発行所　株式会社 クリエイツかもがわ
　　　　〒601-8382
　　　　京都市南区吉祥院石原上川原町 21 番地
　　　　TEL：075-661-5741
　　　　FAX：075-693-6605
　　　　https://www.creates-k.co.jp
　　　　info@creates-k.co.jp
　　　　郵便振替：00990-7-150584
印　刷　シナノ書籍印刷株式会社
ISBN978-4-86342-195-0 C0037　printed in Japan

本書の内容の一部あるいは全部を無断で複写（コピー）・複製することは、特定の場合を除き、著作権・出版社の権利の侵害になります。

好評既刊

エンジョイ！ファシリテーション・ボール・メソッド
FBM研究会／編

動きがぎこちない、座った姿勢が崩れやすい、運動が苦手といった発達に課題のある子どもたちに、FBの自在性・弾力性を活かして、心身のリラクセーションとバランスや姿勢保持などの運動機能向上をはかる。　　2200円

障害のある人たちの口腔のケア 改訂版
玄景華／監修　栗木みゆき／著

さまざまな障害から歯みがきがむずかしい人たちに、安全で楽しい歯みがきタイムを。単なる歯みがきだけではなく、口腔のケアをすることは、口臭の改善やむし歯予防はもちろん、マッサージなどの刺激で口の機能を高め、誤嚥性肺炎の予防につながる。QRコードから動画を見ることができる！　　1540円

発達障害のバリアを超えて
新たなとらえ方への挑戦

漆葉成彦・近藤真理子・藤本文朗／編著

本人と親、教育、就労支援、医療、研究者と多角的な立場の視点で課題の内実を問う。マスコミや街の中であふれる「発達障害」「かくあるべき」正解を求められるあまり、生きづらくなっている人たちの「ほんとのところ」に迫る。　　2200円

気になる子と学級づくり
大和久勝・丹野清彦／編著

立ち歩く、暴力をふるう、やる気がない、発達障害がある、家庭崩壊している…さまざまな困りを抱える子どもたちを、どのように理解し、指導をすすめるかをわかりやすく解説。　　1980円

ユーモア的即興から生まれる表現の創発
発達障害・新喜劇・ノリツッコミ　【DVD付き】

赤木和重／編著　砂川一茂×岡崎香奈　村上公也×麻生武　茂呂雄二

ユーモアにつつまれた即興活動のなかで、障害のある子どもたちは、新しい自分に出会い、発達していく。「新喜劇」や「ノリツッコミ」など特別支援教育とは一見関係なさそうな活動を通して、特別支援教育の未来を楽しく考える。　　2640円

実践、楽しんでますか？　発達保障からみた障害児者のライフステージ
全国障害者問題研究会兵庫支部・木下孝司・川地亜弥子・赤木和重・河南勝／著

実践に共通するキーワードは「楽しい」「仲間」「集団」。
発達を新しい自分づくりのプロセスとしてとらえ、「今」を大切にすることが「未来」につながる。　　2200円

新版・キーワードブック特別支援教育
インクルーシブ教育時代の基礎知識

玉村公二彦・黒田学・向井啓二・平沼博将・清水貞夫／編

「学習指導要領」改訂「障害者総合支援法」全面実施に伴い大幅改訂。特別支援教育の基本的な原理や制度、改革の動向や歴史、子どもの発達や障害種別による支援など、基本的な知識を学ぶことが重要。　　3080円

● 好評既刊

子どもと作戦会議　CO-OPアプローチ入門
塩津裕康／著

CO-OP（コアップ）とは、自分で目標を選び、解決法を発見し、スキル習得を実現する、子どもを中心とした問題解決アプローチ。子どもにとって大切なことを、子どもの世界で実現できるような取り組みで、「できた」をかなえる。　2420円

みんなでつなぐ読み書き支援プログラム
フローチャートで分析、子どもに応じたオーダーメイドの支援　**4刷**

井川典克／監修　高畑脩平・奥津光佳・萩原広道・特定非営利活動法人はびりす／編著

医師、OT、ST、PT、視能訓練士、心理士、教員など多職種の専門性を活かして、当事者、保護者とともにつくったプログラム。教育現場での学習支援を想定し、理論を体系化、支援・指導につながる工夫が満載。　2420円

凸凹子どもがメキメキ伸びるついでプログラム　**2刷**
井川典克／監修　鹿野昭幸・野口翔・特定非営利活動法人はびりす／編著

「ついで」と運動プログラムを融合した、どんなズボラさんでも成功する、家で保育園で簡単にできる習慣化メソッド！　児童精神科医×作業療法士×理学療法士がタッグを組んだ最強の生活習慣プログラム32例。　1980円

子どもたちが笑顔で育つムーブメント療育
小林芳文／監修　小林保子・花岡純子／編著

子どもの育ちの原点である楽しい運動遊びを通して「からだ（動くこと）、あたま（考えること）・こころ（感じること）」の発達を応援するムーブメント教育・療法のノウハウを紹介。　2420円

学童期の感覚統合遊び
学童保育と作業療法士のコラボレーション

太田篤志／監修　森川芳彦・豊島真弓・松村エリ・角野いずみ・鍋倉功・山本隆／編著

「ボール遊び禁止」やスマホなど、身体を使った遊びの機会が少なくなったなかで、学童保育指導員と作業療法士の感覚統合遊びで、子どもたちに育んでほしい力をつける。明日からすぐ使える28遊び。　2200円

子ども理解からはじめる感覚統合遊び　**6刷**
保育者と作業療法士のコラボレーション

加藤寿宏／監修　高畑脩平・萩原広道・田中佳子・大久保めぐみ／編著

保育者と作業療法士がコラボして、保育現場で見られる子どもの気になる行動を、感覚統合のトラブルの視点から10タイプに分類。その行動の理由を理解し、支援の方向性を考える。集団遊びや設定を紹介。　1980円

てんかん発作こうすればだいじょうぶ
発作と介助［改訂新版］

川崎淳／著　公益社団法人日本てんかん協会／編

「てんかん」とはどんな病気？　発作のときはどうすればいい？　イラストとやさしい文章で解説。発作と介助の実演映像でさらに納得！　[DVD付き]　2200円